Le salut d'une tribu est l'œuvre de ses propres Prêtres

Kamango Selemani Sheta Sheta

Copyright © 2022 Kamango Selemani Sheta Sheta
Copyright © 2022 Generis Publishing

All rights reserved. This book or any portion thereof may not be reproduced or used in any manner whatsoever without the written permission of the publisher except for the use of brief quotations in a book review.

Title: Le salut d'une tribu est l'œuvre de ses propres Prêtres

ISBN: 978-1-63902-787-3

Author: Kamango Selemani Sheta Sheta

Cover image: www.pixabay.com

Publisher: Generis Publishing
Online orders: www.generis-publishing.com
Contact email: info@generis-publishing.com

SOMMAIRE

AVANT – PROPOS 7

INTRODUCTION 11

Vous avez maintenant un prêtre pour sauver votre tribu 13

Vous avez maintenant un roi pour marcher à la tête de votre tribu 16

Persécutés, chassés des synagogues, les vrais prêtres sont restés dans l'anonymat 19

Publicité des activités des faux prêtres 20

L'heure est venue pour la révélation des prêtres et la conversion des laïcs 22

Un évangile éternel pour la conversion des masses laïques 24

Votre église locale c'est votre tribu 27

Les dénominations ne font pas partie de l'église du Seigneur 28

Caractère discriminatoire du sacerdoce catholique et protestant 29

L'équilibre géopolitique, signe de la vraie église de Dieu 31

Descendance apostolique, unité et services réciproques sont des caractéristiques des membres de la vraie église 33

Les dénominations sont des multinationales religieuses 36

Votre prêtre est la mère spirituelle de votre tribu 38

Un schéma mathématique du salut 40

Le salut des laïcs est collectif 42

A Rome un prêtre romain, chez les hutu un prêtre hutu 44

Chasser pasteurs et curés pécheurs 46

17 48

Appendice 1 52

Appendice 2 59

Appendice 3 63

AVANT – PROPOS

Ce livre est né du désir de voir tous les habitants de la terre, et à tout le moins la plus grande partie d'entre eux échapper à la colère de Dieu prédite par ses serviteurs les prophètes d'autrefois. On ne le dira jamais assez, Dieu réduira le présent système de choses en un tas d 'immondices quel que soit l'éclat matériel de sa civilisation. Telle n'est pas l'opinion d'un homme, mais celle de Dieu exprimée à travers les prophéties ci-après qui s'accompliront sans faute comme les précédentes.

Esaïe 13 :9-13 :
Car voici, le jour de l'Eternel arrive,
Jour cruel, jour de colère et d'ardente fureur
Qui réduira la terre en solitude, et en exterminera les pécheurs,
Car les étoiles des cieux et leurs astres
Ne feront plus briller leur lumière
Le soleil s'obscurcira dès son lever,
Et la lune ne fera plus briller sa clarté,
Je punirai le monde pour sa malice
Et les méchants pour leurs iniquités ;
Je ferai cesser l'orgueil des hautains, Et j'abattrai l'arrogance des tyrans.
Je rendrai les hommes plus rares que l'or fin,
Je les rendrai plus rares que l'or d'Ophir
C'est pourquoi j'ébranlerai les cieux,
Et la terre sera secouée sur sa base,
Par la colère de l'Eternel des armées,
Au jour de son ardente fureur.

Daniel 2 :44-45 :

Dans les temps de ces rois, le Dieu des cieux suscitera un royaume qui ne sera jamais détruit, et qui ne passera point sous la domination d'un autre peuple ; il brisera et anéantira tous ces royaumes -là, et lui-même subsistera éternellement.

C'est ce qu'indique la pierre que tu as vue se détacher de la montagne sans le secours d'aucune main, et qui a brisé le fer, l'airain, l'argile, l'argent et l'or. Le grand Dieu a fait connaitre au roi ce qui doit arriver après cela. Le songe est véritable, et son explication est certaine.

Malachie 4 :1-2 :

Car, voici le jour vient, ardent comme une fournaise
Tous les hautains et tous les méchants
Seront comme du chaume ;
Le jour qui vient les embrasera, dit l'Eternel des armées Il

ne leur laissera ni racine ni rameau.

2Pi 3 :5-7 :

Ils veulent ignorer, en effet, que des cieux existèrent autrefois, par la parole de Dieu, de même qu'une terre tirée de l'eau et formée au moyen de l'eau. Et que par ces choses le monde d'alors périt, submergé par l'eau, tandis que, par la même parole, les cieux et la terre d'à présent sont gardés et réservés pour le feu, pour le jour du jugement et de la ruine des hommes méchants.

Il est clair que Dieu réduira en cendres notre monde pour ses iniquités. Vous pouvez lire également Daniel 7 :9-12 ; Luc 3 :7 et Actes 17 :31 pour votre édification.

Sans blague, Dieu rendra la vie impossible sur la terre, comme l'attestent les versets ci-après :

Apocalypse 16 :3-7 :

Le second versa sa coupe dans la mer. Et elle devint du sang, comme celui d'un mort ; et tout être vivant mourut, tout ce qui était dans la mer.

Le troisième versa sa coupe dans les fleuves et dans les sources d'eaux. Et ils devinrent du sang. Et j'entendis l'ange des eaux qui disait : Tu es juste, toi qui es, et qui étais : tu es saint, parce que tu as exercé ce jugement.

Car ils ont versé le sang des saints et des prophètes, et tu leur as donné du sang à boire ; ils en sont dignes.

Et j'entendis l'autel qui disait : Oui, Seigneur Dieu tout-puissant, tes jugements sont véritables et justes.

Apocalypse 16 :8 :

Le quatrième versa sa coupe sur le soleil. Et il lui fut donné de brûler les hommes par le feu, et les hommes furent brulés par une grande chaleur, et ils blasphémèrent le nom du Dieu qui a l'autorité sur ces fléaux, et ils ne se repentirent pas pour lui donner gloire.

Apocalypse 16 :17-21 ;

Le septième versa sa coupe dans l'air. Et il sortit du temple, du trône, une voix forte qui disait : C'en est fait ! Et il y eut des éclairs, des voix, des tonnerres, et un grand tremblement, tel qu'il n'y avait jamais eu depuis que l'homme est sur la terre, un aussi grand tremblement.

Et la grande ville fut divisée en trois parties, et les villes des nations tombèrent, et Dieu, se souvint de Babylone la grande pour lui donner la coupe du vin de son ardente colère.

Et toutes les iles s'enfuirent, et les montagnes ne furent pas retrouvées.

Et une grosse grêle, dont les grêlons pesaient un talent, tomba du ciel sur les hommes ; et les hommes blasphémèrent Dieu, à cause du fléau de la grêle, parce que ce fléau était très grand.

En parcourant les prédictions ci-dessus vous reconnaitrez que notre monde est en péril. Le Seigneur Jésus faisait allusion à cette destruction lorsqu'il disait en :

Jean 3 :16 :

Car Dieu a tant aimé le monde qu'il a donné son Fils unique, afin que quiconque croit en lui ne périsse point, mais qu'il ait la vie éternelle.

Dans son amour intarissable, Dieu a massivement investi dans le salut des hommes, ne voulant pas que ce qui arriva à l'époque de Noé et de Lot, où huit et trois personnes seulement furent respectivement sauvées, se répète encore. Aussi il a donné son propre Fils pour être le sacrifice expiatoire des péchés de ceux qui croiraient en lui (et non des incrédules). Il a proclamé à cet effet une amnistie générale, remettant tous les péchés des croyants quels que soient leur nombre et leur laideur. Il a ensuite organisé une formation permettant d'ouvrir les yeux aux peuples de la terre, de les faire passer des ténèbres à la lumière, et de la puissance de Satan à Dieu, afin qu'ils reçoivent, par la foi en Jésus-Christ, le pardon des péchés et un héritage dans le royaume des sanctifiés (Ac 26 :1518). Pour cela Dieu a fait des dons en hommes, et répandu l'Esprit-Saint pour assurer efficacement la conduite et le perfectionnement des saints (Ephésiens 4 :8-15). Ces dons humains sont principalement des prêtres investis du pouvoir d'enseigner les lois de Dieu, de pardonner les péchés et de présenter à l'Eternel Dieu l'excellentissime sacrifice du corps de son Fils , Jésus-Christ, qui apaise sa colère afin qu'il soit favorable au peuple des croyants. Ces prêtres sont choisis dans toutes les tribus du monde afin qu'ils s'occupent de leurs peuples respectifs. Grâce à ce livre, des tribus entières autrefois abandonnées par leurs propres fils devenus pasteurs se verront correctement pris en charge par leurs propres prêtres. Il est honteux, en effet, de voir ce qu'on appelle Pasteurs dans le monde chrétien, notamment dans les pays sous-développés, s'évertuer à voyager sous d'autres cieux, en Europe, en Amérique, etc., pour y prêcher Christ, comme ils le disent, alors que leurs propres frères croupissent dans l'ignorance totale de Dieu.

INTRODUCTION

Il y a 4000 ans, Jéhovah Dieu promit au patriarche Abraham de bénir, en sa postérité, toutes les nations, toutes les tribus, tous les peuples, toutes les langues, toutes les familles de la terre. Dieu dit : «Je bénirai ceux qui te béniront ; et je maudirai ceux qui te maudiront ; et toutes les familles de la terre seront bénies en toi : Je multiplierai ta postérité comme les étoiles du ciel ; je donnerai à ta postérité toutes ces contrées ; et toutes les nations de la terre seront bénies en toi» (Genèse 12 : 3 ; 26 : 4).

Comment une promesse d'une telle ampleur, impliquant une vaste programmation, allait-elle se réaliser ? Les écritures ultérieures montrent que Jéhovah entendait mettre en place une sacrificature royale parfaitement décentralisée, comprenant un souverain sacrificateur de l'ordre de Melchisédek, issu de la tribu de Juda, et de nombreux sacrificateurs associés, choisis dans toutes les tribus de la terre. Car, pour garantir la transmission du salut éternel, il convenait de rapprocher, par le sang et la chair, le sacrificateur du pécheur.

Mais, certaines nations assoiffées d'hégémonie spirituelle ont attenté au plan du salut ainsi conçu, en confisquant la vérité sur la sacrificature (Daniel 8 :11-12), en concentrant le pouvoir sacerdotal entre les mains de quelques opportunistes, en privant de nombreuses tribus de sacrificateurs qui soient leur émanation directe, et en imposant partout des sacrificateurs étrangers taillés à leur mesure.

En effet, le christianisme pro-occidental, avec l'église catholique en tête, a construit un modèle religieux où le sacerdoce est l'affaire d'un groupe d'initiés, peu importe leur nationalité, excluant de ce fait de nombreuses nations, tribus, langues et peuples du pouvoir sacerdotal.

Heureusement, ce complot ourdi 20 siècles durant contre le merveilleux plan de Dieu, a complètement échoué, car le Seigneur Jésus a réussi contre vents et marées à mettre en place une sacrificature tenant strictement compte de l'équilibre géopolitique.

Le présent ouvrage se propose d'annoncer aux hommes de toutes langues la vérité sur la sacrificature authentique prise en otage par les principaux sacrificateurs du présent système religieux, mais libre; pressée de toute manière, mais non réduite à l'extrémité; persécutée, mais non abandonnée; abattue, mais non perdue; immolée, mais toujours vivante pour délivrer l'humanité souffrante et gémissante de la servitude de la corruption[1].

---
[1] 2 Co 4 :8-9

1

Vous avez maintenant un prêtre pour sauver votre tribu

Le salut de l'humanité souffrante et gémissante a été planifié dans l'espace et dans le temps. Dans l'espace le salut est offert à toutes les familles de la terre ; mais dans le temps, il est donné d'abord aux prêtres et ensuite aux masses. Le recrutement des sacrificateurs repose sur un équilibre géopolitique parfait. Toutes les tribus de la terre sont valablement représentées dans la sacrificature de Jéhovah, selon qu'il est écrit :

Apocalypse 5 :8-10 :

Tu es digne de prendre le livre ; et d'en ouvrir les sceaux ; car tu as été immolé, et tu as racheté pour Dieu par ton sang des hommes de toute tribu, de toute langue, de tout peuple, et de toute nation ; tu as fait d'eux un royaume et des sacrificateurs pour notre Dieu, et ils régneront sur la terre.

Notre texte affirme avec force que Jésus a racheté des hommes de toutes tribus. Il va sans dire qu'on ne peut pas bâtir l'Eglise avec une partie de la population de la terre, si majoritaire soit-elle. Les matériaux nécessaires à la construction de l'Eglise viennent de toutes les tribus qui sont sur la surface de la terre sans exception. Ceci veut dire que Jésus-Christ a racheté parmi les Songe, les Luba, les Lulua, les Bakuba, les Lunda, les Bemba, les Kusu, les Tetela, les Bazimba, les Mongo, les Azande, les Hutu, les Tutsi, les Peuls, les Touaregs, les Zulu, les Makonde, les Nande; les Baoulé, les Flamands, etc.[2] Puisque la parole ne ment pas mais dit la vérité, qu'elle veut dire ce qu'elle dit, vous pouvez découvrir à travers le monde un Songe, un Luba, un Hutu, un Bemba, un Peul, un Flamand, etc. qui a été effectivement racheté par le sang de Jésus.

Après avoir dit comment Jésus a procédé pour racheter l'humanité, l'écriture précédente révèle également le statut assigné aux rachetés, elle dit d'abord que ce sont des sacrificateurs. Cela veut dire qu'il y a maintenant même dans chaque tribu au moins un homme racheté par le sang de Jésus ayant la dignité de Sacrificateur.

---

[2] Par économie de place, nous n'avons pas énuméré ici toutes les tribus du monde. Par conséquent, nous prions toutes les tribus que nous n'avons pas citées de ne pas nous en tenir rigueur, et de croire en l'assurance de notre sympathie et de notre considération distinguée.

L'on comprend par la suite que l'on ne peut pas bâtir la sacrificature avec une partie des tribus qui composent la population de la planète. Toutes les tribus sans exception ont leurs délégués dans la sacrificature de Dieu et du Christ.

Plus particulièrement, il y a dans votre tribu, cher lecteur, un homme qui a la dignité de Prêtre. Qu'est-ce qu'un Prêtre pour que vous vous réjouissez de sa présence dans votre tribu ? Un Prêtre, c'est quelqu'un qui sert de médiateur entre Dieu et les hommes (1 Tim 2 :5 ; Hé 5 :1 ; 1 Pi 2 :9-10) ; il supplée au sacrifice expiatoire du Souverain Prêtre Jésus-Christ (Col 1 :24). Aussi le Prêtre a-t-il le pouvoir de vous justifier de tous vos péchés et de vous réconcilier avec Jéhovah, Dieu (Lev 4 :31 ; 19 :22 ; 2 Co 5 :18). Lorsqu'un Prêtre a fait sur vous un rite d'absolution vous êtes complètement absous (Lev 5 :16, 26 ; Jn 20 :2123). Le Prêtre détient les clefs du royaume des cieux. Ce qu'il lie sur la terre, a dit le Seigneur Jésus, sera lié dans les cieux, et ce qu'il délie sur la terre sera délié dans les cieux. Une sentence rendue par lui ne peut être renversée que par lui (Matthieu 16 :19 ; 18 :18). Enfin, le prêtre c'est quelqu'un qui a la charge de vous conduire dans les voies du Seigneur Jéhovah (Ez 44 : 23-24). C'est donc une telle personne que la parole de Dieu dit que vous avez dans votre propre tribu. Combien cette vérité est saisissante, stimulante, réconfortante, consolante, réjouissante, encourageante et engageante, chers lecteurs ? Pour nombre d'entre vous, c'est une vérité nouvelle, car peu nombreux sont ceux qui savaient que l'œuvre de rédemption était planifiée au point d'avoir chacun un vrai Prêtre dans sa propre tribu. Oui la sacrificature, comme d'ailleurs le salut lui-même, est distribuée suivant un plan divin tenant strictement compte de l'équilibre géopolitique du monde.

Dans son amour immense et dans sa sagesse infiniment variée, Jéhovah a voulu honorer toutes les tribus de la terre en élevant à la dignité de prêtre au moins un des leurs. Chaque tribu est ainsi représentée dans la sacrificature de l'ordre de Melchisédek. Etant répartis par tribu, les prêtres sont donc donnés pour être des médiateurs associés à Christ, afin d'obtenir la justification, la réconciliation et le salut éternel des gens de leurs tribus respectives d'abord, et de toute l'humanité ensuite, le mandat sacerdotal étant universel (Deutéronome 18 :6-7).

En rachetant des prêtres par tribu, nation, langue et peuple, Jéhovah et Jésus entendaient accroître et égaliser les chances de salut de toutes les familles de la terre, en leur donnant des conducteurs issus de leurs bases respectives, connaissant mieux leurs problèmes, leurs cultures et leurs croyances, pour pouvoir compatir à leur misère spirituelle, et les aider sérieusement à briser les chaines qui les tiennent prisonniers des péchés et de la mort. Toute autre structure sacerdotale ne peut aboutir qu'à des résultats catastrophiques. Pour avoir expérimenté un sacerdoce discriminatoire, en imposant des prêtres étrangers, en enseignant dans des langues étrangères et en exportant des formules de prières toutes faites, l'Islam et le catholicisme romain, pour ne citer que ces deux vieilles religions, comptent aujourd'hui des foules de croyants dont la qualité dépasse à peine la médiocrité[3].

---

[3] L'immense majorité des chefs d'Etat, des fonctionnaires et agents publics des Etats, des députés et Sénateurs, des mandataires des Etats éclaboussés par la corruption dans le monde sont des adeptes des grandes religions comme l'Islam, et le catholicisme romain. La plupart des militaires, des policiers et des forces de l'ordre qui s'illustrent par la corruption, et l'extorsion, et l'immoralité, sont des fidèles très estimés de l'Islam et de l'Eglise Catholique Romaine. La grande majorité des Juges et des Magistrats corrompus sont des partisans très respectés des grandes religions, en l'occurrence l'Islam et le Catholicisme. L'innombrable foule de femmes qui s'illustrent par la prostitution, l'adultère et les avortements provoqués sont des fidèles très appréciées des grandes religions, comme l'Islam et le Catholicisme romain. La majorité des commerçants véreux qui s'illustrent par le luxe, la fraude, la cupidité, l'asservissement des nations, les frustrations des ouvriers, les condamnations des justes, et les meurtres des innocents, sont de puissants soutiens des grandes religions, en l'occurrence l'Islam et le Catholicisme.

2

Vous avez maintenant un roi pour marcher à la tête de votre tribu

Si Jéhovah s'était borné à donner à chaque tribu un prêtre, ce serait bien merveilleux. Mais notre Père Céleste a fait plus que cela, il est allé au-delà de notre imagination. En effet, notre texte de base ajoute que tous les prêtres sont des rois, des rois associés à Jésus-Christ pour gouverner la terre éternellement. Ceci nous fait comprendre que le gouvernement du Christ est un gouvernement de la plus large union mondiale, car toutes les tribus du monde y sont valablement représentées. Cette vérité est admirable, elle montre que vous aussi, Bien-aimé, avez maintenant même quelqu'un de votre langue, de votre peuple et de votre tribu, qui a la royauté éternelle et à qui échoient la gloire, l'honneur et la louange. Celui qui a créé dans les cieux et sur la terre, trônes et souverainetés, autorités et pouvoirs, a daigné susciter dans votre tribu un Roi. Vous n'avez pas besoin que je vous décrive un Roi. Mais vous avez le droit de savoir que chaque tribu a maintenant même quelqu'un qui est préparé par Dieu pour prendre le pouvoir et présider aux destinées de la communauté tribale, à la grande satisfaction de tous. Je serais mieux compris en déclarant qu'aux yeux de Jéhovah, **chaque tribu est un royaume**, donc une puissance politique capable de disposer d'elle-même. Que la destinée de la tribu est vraiment merveilleuse !

Il va de soi qu'aucune tribu ne sera plus dirigée par un étranger. Au moment où les peuples du monde entier se battent pour trouver des leaders capables de présider sans faille à leurs destinées, la Bible atteste que de tels hommes existent dans chaque tribu. Alléluia ! Mais les hommes sont trop aveugles pour pouvoir identifier, contempler et plébisciter leurs libérateurs. De toute façon, il n'y a désormais personne qui peut diriger avec succès les nations si ce n'est les prêtres-rois. Vous pouvez essayer tout ce que vous avez de meilleur parmi tous ceux qui sont nés d'une femme, mais vous irez de déception en déception. En vertu de cette vérité, toutes les tribus ont reçu l'ordre de résister et de renoncer au joug étranger, mais de soutenir jusqu'au sacrifice suprême leurs Prêtres-rois respectifs. D'ores et déjà, les hommes de toutes tribus sont déliés des serments de fidélité faits aux autorités étrangères en même temps qu'ils sont appelés à défendre leur territoire en le déclarant fermé au pouvoir du présent système. Des grâces saintes et assurées sont désormais réservées pour récompenser les plus grands efforts dans ce sens.

La concentration dans une même personne de deux plus grandes dignités humaines, savoir la sacrificature « melchisédekienne » et la royauté universelle et éternelle souligne l'excellence des hommes qui sont affectés au salut et à la direction politique de chaque tribu, de sorte que celle-ci n'a absolument rien à envier aux autres, ni des leçons à attendre de l'extérieur, que ce soit au plan spirituel ou politique. **Toutes les tribus sont des royaumes, des puissances indépendantes les unes des autres[4]**. Quelles que soient leurs tailles actuelles[5].

Pour apprécier à sa juste valeur l'organisation du monde en Etats-tribus, il faut se placer dans la perspective de la résurrection des morts promise par Jéhovah, Dieu, et qui est la pierre angulaire de la foi chrétienne (1 Co 15 :1-23). Quand le miracle de la résurrection rendra tous les morts à la vie, hommes et femmes, des tribus qui paraissent minuscules aujourd'hui deviendront des peuples nombreux, qui auront besoin d'un territoire aux limites bien précises, d'un roi issu de leur sein qui présidera à leur destinée, des gouvernants capables de garantir la paix, la justice et le bien-être de la communauté, et des lois justes et sécurisantes.

Les politologues et les politiciens sont obligés de constater à leur honte que le système politique du monde est un système fédéral, où toutes les tribus du monde sont des Etats indépendants les uns des autres, mais unis à un même pouvoir central animé par Jésus, et dans lequel toutes les tribus sont valablement représentées par leurs prêtres-rois (Apo 21 :13-16), contrairement à l'ordre actuel, caractérisé par l'éparpillement forcé des tribus, l'assimilation forcée des minorités, et la domination de certaines tribus par d'autres, qui sont à la source des maux qui affligent l'humanité depuis la nuit des temps.

Les politologues et les politiciens sont également obligés de constater qu'aucun pays ne peut s'attribuer un mandat international, car la puissance qui dominera le monde légalement sera composée des ressortissants de toute nation, de toute tribu, de toute langue, et de tout peuple. Alléluia !

Tout extraordinaire qu'il puisse vous paraître le plan que nous venons de décrire s'est réalisé entièrement. Souvenez-vous que la parole de Jéhovah ne peut aucunement faillir (Es 55 :11). La sacrificature royale constituée sur une base égalitaire existe bel et bien, mais elle est restée un mystère pour le monde pendant

---

[4] En Mt 19 :28, le Seigneur a enseigné que chaque tribu d'Israël est un royaume, une puissance, un Etat souverain. Ce qui fait comprendre que selon ce dessein bienveillant de Dieu, toute tribu est un peuple, une nation à part.

[5] En Esaïe 60 :22, l'Eternel déclare que même une tribu de mille personnes seulement sera une nation puissante.

près de 20 siècles. Elle a été comme tenue pour une imposture et pourtant bien connue ; moribonde et pourtant elle vit, châtiée sans être exécutée[6]. A ce sujet, il convient de noter que notre Seigneur Jésus-Christ n'eût pas été trouvé digne de recevoir le livre scellé de sept sceaux s'il n'avait pas satisfait les cinq exigences suivantes parmi lesquelles la sacrificature royale figure en bonne place :

1. Etre immolé ;
2. Racheter des hommes de toute tribu, langue, peuple et nation ;
3. Former un royaume avec ces hommes ;
4. Elever chacun de ces hommes à la dignité de prêtre, et
5. Elever chacun de ces hommes à la dignité de roi.

En d'autres mots, si l'une des conditions ci-dessus n'était pas remplie, Jésus n'aurait pas reçu le livre scellé, qui est le symbole de légitimité de sa royauté. Quiconque reconnaît que Jésus est roi, qu'il a reçu le livre scellé de sept sceaux, et qu'il est en train d'en ouvrir les sceaux, doit reconnaître également qu'il existe dans chaque tribu au moins un Prêtre-roi choisi parmi ses propres fils. Car la remise du livre scellé de sept sceaux à Jésus se situe à la fin de l'œuvre de rachat des sacrificateurs, et non au début. C'est d'ailleurs l'accomplissement total de cette œuvre qui a déclenché la remise dudit livre à Jésus.

---

[6] Jn 15 :20-21; Jn 16 :1-4; 2 Co 6 : 4-10

3

Persécutés, chassés des synagogues, les vrais prêtres sont restés dans l'anonymat

Mais jusqu'à présent, les Prêtres-rois sont restés une grande inconnue pour le monde en général et pour chacune des tribus en particulier. Personne, en effet, ne s'est jamais occupé de connaître le(s) prêtre(s) que Dieu a suscité(s) dans sa propre tribu. Et personne ne peut dire aujourd'hui avec certitude qu'un tel de sa tribu est un prêtre-roi. C'est vraiment mystérieux de le constater quand la parole de Dieu annonce haut et fort que chaque tribu a son ou ses prêtres-rois[7]. Voilà un mystère qui vous entoure, cher lecteur !

Les prêtres-rois sont restés cachés au monde durant l'ère de la grâce à cause des terribles persécutions qui s'abattaient sur eux[8]. Mais Dieu prévoyait leur révélation aux temps de la restauration de toutes choses, pour les faire participer activement à la rédemption du reste des hommes (AC 3 :19-21 ; RM 8 : 19-21).

Cette révélation interviendra bientôt sous forme de réveil des vierges sages qui sortent à la rencontre de leur époux. Alors tout le monde les admirera, comme on peut en déduire de la demande de l'huile leur adressée par les vierges folles, en reconnaissance de leur supériorité spirituelle (Mt 25 : 1-9).

---

[7] Nous disons que chaque tribu a son ou **ses prêtres-rois** (pluriel), parce que certaines tribus peuvent être scindées pour donner naissance à plusieurs royaumes selon leurs tailles, à l'instar d'Israël qui éclatera en douze royaumes (Mt 19 :28)

[8] A ce sujet, Daniel 8 :11,13, 24 et 11 : 33,35 indiquent que le dévastateur a tué les saints et renversé le sanctuaire de Dieu. Pour sa part, 2 Th 2 :1-4 révèle que l'adversaire a usurpé le sacerdoce du vrai Dieu, ce qui ne peut se faire sans réduire au silence les vrais sacrificateurs de Dieu. Quant à lui, Apocalypse 13 : 7 atteste que la Bête écarlate a fait la guerre aux saints, ce qui a conduit à la mort de beaucoup d'entre eux comme le révèle Apocalypse 17 :6.

4

Publicité des activités des faux prêtres

En revanche, les faux prêtres n'ont pas besoin d'être révélés, vous les voyez tout le temps dans des cathédrales, à la télévision, dans les stades, et sur les places publiques, et les entendez fréquemment hurler à la radio. Vous les reconnaîtrez à leurs fruits : toute personne qui garde les commandements de Dieu et le témoignage de Jésus, qui guérit les maladies, chasse les démons, parle en langue et opère toutes sortes de prodiges tout en commettant le péché, serait-il rarement, est un faux prêtre. En effet, des gens sans qualité, aux mœurs douteuses, ont pris la place de vrais prêtres en imitant parfaitement le ministère de la réconciliation, et en se hissant à la tête des troupeaux (2 Co 11 :13-15, Jn 15 :18-21, Jn 16 :1-4). Ils courent toutes les mers pour apporter ce qu'ils appellent la bonne nouvelle, mais qui, en réalité, n'en est qu'une contrefaçon. En effet, ils ont supprimé le vrai évangile, qui consiste en un salut par la victoire totale sur le péché (Apo 2 :7, 11, 17, 26 ; 3 :5-12, 21) au profit d'un faux évangile, mais combien séduisant celui-là, consistant en confession perpétuelle des péchés. C'est ainsi que dans leurs milieux, des pécheurs ont toujours droit à la confession, quelles que soient la nature et la fréquence des péchés, méprisant ainsi tous les principes divins en la matière (1 Jn 5 :16-17 ; Mt 7 :19 ; 1 Co 5 :911). Ils n'ont pas les yeux pour voir que leurs péchés ne sont pas remis mais qu'au contraire ils se sont accumulés jusqu'au ciel (Apo 18 :5).

Pour attirer les âmes, les faux prêtres promettent des guérisons miraculeuses, des solutions aux problèmes sociaux, la richesse, le pouvoir, la protection, et d'autres choses semblables. Mais les faits ont démontré que ces gens-là sont des fanfarons. En effet, quand ils invitent des foules à la guérison miraculeuse, ils évitent soigneusement les véritables malades. C'est ainsi que le nombre d'estropiés, de paralytiques, de boiteux, de sourds, de muets, d'aveugles, de fous, de sidatiques, etc. reste toujours le même – s'il ne croît pas davantage – après leurs campagnes comme avant.

S'agissant de guérisons elles-mêmes, force nous est de constater qu'elles sont fausses. Les faux prêtres ne guérissent pas totalement leurs clients : ils opèrent des guérisons temporaires et sélectives à la mesure de la puissance des démons qui interviennent. Par exemple, si quelqu'un souffre à la fois de la malaria, de l'hypertension, de la tuberculose et de la cécité, le faux prêtre peut faire tomber la fièvre, et pourtant laisser son client continuer à souffrir des autres maladies. Et très souvent une maladie déclarée guérie réapparait après quelque temps sans que le malade ait commis un péché qui puisse justifier cette rechute. Malheureusement, les bénéficiaires des faux miracles n'osent pas se demander comment le Bon Dieu peut se permettre de guérir partiellement ou temporairement ses enfants.

Les faux prêtres savent qu'ils ne peuvent amener personne à la conversion éternelle et au salut, étant eux-mêmes esclaves du péché. Aussi se bornent-ils à opérer des miracles, des prodiges et des signes mensongers appuyés par une tapageuse campagne médiatique, pour séduire les masses (Mt 7 :22-23 ; 2 The 2 :9-11).

5
L'heure est venue pour la révélation des prêtres et la conversion des laïcs

L'heure de la révélation des Prêtres-rois a sonné maintenant. Réjouissez-vous, hommes de toutes langues ! Car votre jour de salut est enfin venu. Le Messager de l'Evangile Eternel est une première manifestation des fils de Dieu. Jéhovah l'a envoyé afin que les autres Prêtres-rois soient également manifestés, chacun à sa tribu, à sa langue, à son peuple et à sa nation d'origine. C'est le moment d'être vigilant et d'avoir le discernement, car chaque tribu doit pouvoir identifier et reconnaître ses propres anges, ses propres oints, ses propres conducteurs spirituels, c'est-à-dire ses propres prêtres. Croyez-moi, l'heure est venue où ce n'est ni à la télévision, ni à la radio, ni au stade, ni à la place publique, ni dans les cathédrales que vous rencontrerez vos Prêtres-rois, mais dans vos tribus respectives. Cueille-t-on des figues sur des chardons ? De même on ne peut pas chercher un prêtre Makonde parmi les Nande[9].

Les Prêtres-rois sont rarissimes parce qu'ils forment un petit troupeau (Luc 12 :32). Les derniers d'entre eux se chiffrent à 144 000 personnes. Divisez ce chiffre par le nombre des tribus du monde, et vous aurez une idée du nombre des Prêtres que peut compter votre tribu. Vous remarquez qu'il est très petit n'est-ce pas? Cette remarque vous permettra de juger des prétentions de ceux qui se disent pasteurs ou curés, mais qui ne le sont pas.

Durant l'ère de la grâce, Jésus rachetait uniquement les Prêtres-rois comme nous venons de l'indiquer copieusement (1 Pi 2 :9-10). Mais il était prévu qu'après cette ère Dieu offre le salut aux masses. Car les Prêtres-rois ont été rachetés comme prémices de leurs tribus, langues, peuples et nations (Jc 1 :18 ; Rm 8 :23 ; Apo 14 :4 ; 1 Co 16 :15 ; Rm 16 :5). Or, si les prémices sont saintes, dit l'écriture, la masse l'est aussi (Rm 11 :16). Donc là où il y a des prémices, il doit nécessairement y avoir une masse. C'est pourquoi, étant arrivés à la fin de leur dispensation, les prêtres sont chargés d'instruire leurs propres frères dans les voies du Seigneur. Grâce à leur ministère, une foule que nul ne peut dénombrer, de toute nation, de

---

[9] Tribus du Mozambique et de l'Ouganda respectivement.

toute tribu, de toute langue et de tout peuple, sera sauvée comme l'atteste l'écriture suivante :

Après cela je vis une foule immense que nul ne pouvait dénombrer, de toutes nations, tribus, peuples et langues. Ils se tenaient debout devant l'agneau, vêtus de robes blanches, et des palmes à la main. Ils proclamaient à haute voix : le salut est à notre Dieu qui siège sur le trône, et à l'agneau (Apo 7 :9 , 10).

6

Un évangile éternel pour la conversion des masses laïques

Remarquons que cette foule est composée uniquement des laïcs. Elle vient à l'existence durant la dispensation du jugement, appelée également la grande tribulation (Apo 7:13-14), et fait l'objet d'un Evangile Spécial. L'Evangile Eternel destiné à offrir le salut aux masses de toutes nations, tribus, langues et peuples, par l'entremise des prêtres-rois, est mentionné en Apo 14 :6-7 :

Je vis un autre ange qui volait par le milieu du ciel, ayant un évangile éternel, pour l'annoncer aux habitants de la terre, à toute nation, à toute tribu, à toute langue, et à tout peuple. Il disait d'une voix forte : Craignez Dieu, et donnez-lui gloire, car l'heure de son jugement est venue ; et adorez celui qui a fait le ciel, et la terre, et la mer, et les sources d'eaux.

Contrairement à ce que pourraient penser plusieurs étudiants de la Bible, l'Evangile Eternel n'est point une répétition de l'évangile de la grâce, qui est prêché depuis bientôt 20 siècles ; mais étant situé à la fin de l'appel des prêtres-rois, qui forment l'épouse de l'agneau, il est envoyé à toutes les tribus, à toutes les langues, à toutes les nations, et à tous les peuples de la terre pour leur dire que l'heure du pardon, de la repentance, de la conversion et du salut des masses est venue.

Vous l'avez relevé de vous-même, c'est pour la deuxième fois que Jéhovah adresse un Evangile à toute nation, tribu, langue et peuple. La première fois douze apôtres ont été envoyés conjointement. Ils étaient chargés d'annoncer à toutes les tribus de la terre la bonne nouvelle de rachat par le sang de Jésus des personnes destinées à la dignité de Prêtre-roi. L'un d'eux a même déclaré plus tard que cette mission fut pleinement accomplie (Col 1 :23 ; 1 Tim 3 :16). Mais pour cette deuxième fois – vous l'avez sans doute remarqué – un seul apôtre est chargé de proclamer à toutes les tribus de la terre la bonne nouvelle de rachat par le sang de Jésus des laïcs destinés à hériter la terre. Il est intéressant de noter une autre différence entre les deux dispensations. La première dispensation s'est arrêtée au niveau des tribus, car il n'est pas nécessaire d'avoir un prêtre par famille. Tandis que la deuxième dispensation touche toutes les familles de la terre, en accomplissement total des promesses divines faites à Abraham (Ge 12 :3 ; Ge 26 :4).C'est ce que veut dire une foule que nul ne peut compter des gens de toutes tribus. Car pour avoir une foule immense des gens d'une tribu, il est absolument nécessaire de regrouper plusieurs familles.

Nécessité absolue de croire à l'évangile éternel

Justifiant son intervention par la venue de la dispensation du jugement (de la grande tribulation), le Messager de l'Evangile Eternel s'adresse particulièrement aux masses qui ne craignent pas Dieu, qui ne lui donnent pas gloire, et qui n'adorent pas celui qui a fait le ciel, et la terre, et la mer, et les sources d'eaux. Cette remarque montre que l'Evangile Eternel s'occupe donc en priorité de tous ceux qui, durant l'ère de la grâce, n'avaient pas trouvé le chemin étroit mais qui avaient suivi le chemin spacieux (Mt 7 :13-14) ; ceux, extrêmement nombreux, qui avaient entendu l'appel mais qui n'avaient pas été élus (Mt 22 :14) ; ceux qu'on avait laissés dehors et à qui le mystère du royaume n'avait pas été donné, **de peur qu'ils ne se convertissent, et que les péchés ne leur soient pardonnés**

(Mc 4 :11-12) ; ceux qui ont été endurcis jusqu'à ce que la totalité des sacrificateurs soit réunie (Rm 11 :25-27) ; ceux qui ne peuvent pas exercer le sacerdoce ni la royauté, **notamment toutes les femmes**[10] (1 Pi 2 :9-10 ; 1 Co

14 :33-35 ; Apo 1 :5, 6 ; 5 :9-10) ; ceux qui ont bâti avec du bois, du foin et de la paille, faute d'avoir trouvé de l'or, de l'argent, des perles et des pierres précieuses (1 Co 3 :11-15) ; ceux enfin qui ont été une fois éclairés, qui ont gouté la bonne parole de Dieu et qui sont tombés de nouveau dans le péché,

---

[10] La femme ne peut pas exercer la sacrificature parce qu'elle ne peut pas transmettre la vie, elle ne peut pas créer la vie. C'est l'homme qui crée et transmet la vie. Or un prêtre doit pouvoir créer la vie, en l'occurrence la vie du Christ dans le pain et dans le vin. Dieu savait que le sacrifice perpétuel des animaux serait remplacé par celui du corps et du sang de son Fils, Jésus-Christ. Et pour être un sacrifice perpétuel, l'offrande du Christ doit pouvoir se faire perpétuellement. Or Christ ne serait pas disponible pour continuer à présenter son sacrifice à Dieu. Il devait déléguer cette tâche à ses sacrificateurs associés. Ceux-ci doivent être en mesure de créer la vie. Or la nature montre qu'entre l'homme et la femme, c'est l'homme qui a la vie et qui a la charge de la transmettre. C'est ainsi que, si l'homme couche avec une chienne, celle-ci mettra bas un ou des hommes, Mais si une femme couche avec un chien, elle mettra au monde un ou des chiots. Ceci montre que c'est le mâle qui a la responsabilité de transmettre, j'allais dire de créer la vie. Par conséquent, ce sont les hommes qui ont la responsabilité d'exercer la sacrificature. Ensuite, la femme n'est pas toujours disponible pour exercer le sacerdoce, car ses règles la rendent impure et donc indisponible pendant un certain temps. C'est Dieu qui l'a voulu ainsi. De plus, si la femme est dans les douleurs de l'enfantement, va-t-on attendre qu'elle accouche pour présenter un sacrifice qui se veut perpétuel ? Pour toutes ces raisons, la femme ne peut pas exercer le sacerdoce. La sacrificature n'est pas son lot. Une femme qui exerce le sacerdoce chrétien en présentant la sainte cène, usurpe le sacerdoce, et elle pèche. Ce n'est pas le diplôme de théologie qui fait le sacrificateur. Cette dignité ne s'attribue pas, elle vient de Dieu. Et Dieu a déjà opté pour la confier à l'homme. C'est tout.

faute de n'avoir pas gouté le don céleste, et de n'avoir pas eu part au Saint – Esprit, notamment (Hé 6 :4-6). A tous ceux-là qui forment donc la grande foule que personne ne peut dénombrer, l'Evangile Eternel annonce qu'ils ont maintenant à se convertir, car leur jour de salut est venu.

L'étendue géographique de l'Evangile Eternel nous donne une occasion de plus de constater que Jéhovah est très respectueux de l'équilibre géopolitique dans le plan du salut de l'humanité. Aussi bien les Prêtres-rois que les Masses, tous sont rachetés dans le strict respect de la représentativité populaire, tribale, linguistique et nationale. Aucune tribu n'a été oubliée dans le plan du salut.

7

Votre église locale c'est votre tribu

En rapprochant les textes d'Apo 5 :8-10 et d'Apo 7 :9-10, on peut admirer la correspondance merveilleuse qui existe entre les prêtres-rois et les membres de la grande foule, chaque ensemble comprenant toutes les tribus, toutes les langues, toutes les nations et tous les peuples de la terre. Cette correspondance trahit en elle-même la contribution des Prêtres-rois au salut des gens de leurs tribus respectives. C'est que, une fois révélés, les prêtres-rois apporteront une consolation sans nom et un grand réconfort aux masses souffrantes et gémissantes de leur origine. C'est pour cela qu'ils sont des prémices. Franchement ce plan est merveilleux, cher lecteur ! Je serais plus clair en déclarant qu'à chaque prêtre-roi correspond une foule immense des gens de sa tribu, rachetés par le sang de Jésus et au moyen de son ministère. **Il va sans dire que le salut de chaque tribu qui est sur la surface de la terre est l'œuvre de ses propres prêtres.** Et je suis tenté d'ajouter qu'aux jours de la révélation des

Prêtes-rois, des tribus entières, hormis quelques maudits citoyens, deviendront des églises du Dieu vivant. Alléluia !!! Cette conversion de toute une tribu est une exigence pour que Dieu ne vienne pas frapper le pays d'interdit, selon Malachie 4 : 5-6. Car il faut qu'avant l'arrivée du jour de l'Eternel, jour grand et redoutable, ardent comme une fournaise, où les hautains et les méchants seront embrasés comme du chaume, les cœurs des pères soient ramenés à leurs enfants, et que les cœurs des enfants soient ramenés à leurs pères, dans chaque tribu du monde.

Dans cet ordre d'idées, ce n'est plus d'une dénomination religieuse, ni de l'extérieur qu'il faut attendre la délivrance, car elle est devant votre porte, dans votre propre tribu, dans votre propre nation, dans votre propre peuple, dans votre propre langue, et parfois même dans votre propre maison pourquoi pas ! Il suffit seulement de chercher sérieusement à découvrir votre prêtre, et il vous réconciliera aussitôt avec Dieu, et vous serez sauvé. Oui, c'est si simple que cela. Point n'est besoin d'attendre un fameux missionnaire ou évangéliste international, ni de faire partie des confessions religieuses qui, à l'instar d'un faux dollar, ont les dehors de l'église de Dieu, tandis qu'au-dedans elles sont remplies d'abominations de la terre[11].

---

[11] Apocalypse 17 : 5 donne l'exemple d'une dénomination qui est assise en reine et s'est plongée dans le luxe, mais qui est la mère des prostituées et des abominations de la terre devant Dieu.

8

Les dénominations ne font pas partie de l'église du Seigneur

Cher lecteur, notre texte de base a dévoilé pour nous la structure ainsi que la composition de la vraie Eglise. L'accent y est mis sur l'équilibre géopolitique. A analyser le christianisme tel qu'il nous est parvenu de l'occident, caractérisé par la libre entreprise, laquelle a débouché sur la prolifération des dénominations religieuses[12], nous constatons, non sans pincement au cœur, que contrairement à ses prétentions, il n'est enfin de compte qu'un club d'arrivistes-opportunistes. Aucune dénomination, en effet, ne reflète l'équilibre géopolitique dans sa composition. Des églises qui se veulent universelles sont pleines des gens d'une même tribu. Même l'église catholique, qui présente une bonne organisation sur le terrain, est très loin de cette vérité. Elle aussi est très déséquilibrée de ce point de vue. Dans l'église catholique, la grande majorité des papes appartiennent à une même nation. Et il fut un temps où pour être pape, il fallait absolument être romain.

---

[12] Dans ce texte, nous appelons dénomination religieuse, une association religieuse de la mouvance chrétienne constituée juridiquement ou non, dont les fondateurs ou les dirigeants sont des personnes qui pèchent, serait-il rarement, en pensées, en paroles, ou en actes.

9

Caractère discriminatoire du sacerdoce catholique et protestant

Au moment où j'écris ces lignes des tribus entières sont dépourvues de prêtres catholiques, pendant que d'autres ont une pléthore de prêtres. C'est ainsi que l'on rencontre un grand nombre de prêtres originaires de la tribu Tabwa alors que la grande tribu Songe[13], section du Manièma, ne compte quasiment aucun prêtre[14], pour ne parler que de régions que nous avons déjà visitées. Nous constatons par exemple que l'évêque de Kongolo, Mgr. Jérôme Nday[15], est un Muluba du Shaba qui a succédé à un Belge, Mgr. Bouve, alors que Kongolo est un territoire Songe. Est-ce à dire que Dieu n'a pas racheté un Songe qui aurait pu être placé à la tête de ce diocèse ? Dans ce cas peut-on dire que l'Eglise catholique a œuvré pour le rachat des Songe ? Peut-elle vraiment avoir l'approbation du Seigneur, qui déclare avoir fait au moins d'un Songe un prêtreroi ? Monseigneur Laurent Monsengwo Passinya, Président du Haut Conseil de la République du Zaïre, est un autre exemple illustrant le caractère discriminatoire du sacerdoce catholique. Originaire de la province du Bandundu, Mgr. Monsengwo est l'Archevêque de Kisangani. Peut-on affirmer que celui-ci est spirituellement supérieur à tous les catholiques originaires de Kisangani ? Rien ne le prouve : Mgr. Monsengwo a prié douze mois durant pour la Conférence Nationale Souveraine, mais sans succès ! Puisque la parole de Dieu dit qu'il existe un ressortissant de ce coin, un Lokele, un Mugenia, un Topoke, etc. élevé à la dignité de Prêtre-roi, pourquoi ne l'a-t-on pas fait Archevêque de Kisangani ? Dans ce cas peut-on dire que l'église catholique se conforme au plan de Dieu ? Faites la comptabilité des évêques catholiques, et voyez s'il existe une correspondance biunivoque entre ces derniers et les tribus du Zaïre. Je laisse aux lecteurs le soin de vérifier si une telle correspondance existe dans leurs pays respectifs.

---

[13] Nous voulons dire que les Songe sont plus nombreux que les Tabwa.
[14] Le texte relate la situation de 1993. Entretemps la situation a évolué, et mon cousin germain, MAKIMBA MILAMBO YA MAAMBA Edouard, est devenu le premier prêtre catholique originaire des Benya LOENGO.
[15] Mgr Nday est un MULUBA, déjà décédé, il a été remplacé par un autre MULUBA.

Dans les églises protestantes, la situation est particulièrement choquante. Non seulement des tribus entières sont dépourvues de prêtres méthodistes, kimbanguistes, pentecôtistes, branhamistes, néo-apostoliques, presbytériens, adventistes, témoins de Jéhovah[16], et j'en passe, pendant que d'autres en comptent par centaines, mais même les charges pastorales elles-mêmes sont achetées.

Ce contraste avec le magnifique plan de rédemption déployé par le Saint sauveur montre que toutes les dénominations du monde ignorent le vrai christianisme. Elles ont pratiqué leur propre modèle, inspiré par leur père, Satan, en vue d'établir une dictature religieuse à l'échelle planétaire.

Si les dénominations étaient l'Eglise du Christ, comment expliquer qu'à la fin du 20ème siècle de l'ère chrétienne de nombreuses tribus continuent à manquer des prêtres autochtones et ce, à une époque où tout le monde semble d'accord sur l'imminence du retour de Jésus, laissant entendre par là que la mission de l'église dans le monde est bientôt terminée ? L'Eglise va-t-elle terminer sa mission sans avoir racheté au nom de Jésus au moins un prêtre par tribu de la terre, conformément à l'énoncé de la Bible ? Absurde. Cette absurdité confirme la fausseté des dénominations religieuses, car plusieurs peuples, langues, tribus et nations ne se reconnaissent point en elles, faute de prêtres de leur origine.

---

[16] Concernant les Témoins de Jéhovah, l'écart à la parole de Dieu instituant la prêtrise est considérable, car il n'y a point des prêtres chez eux.

10

L'équilibre géopolitique, signe de la vraie église de Dieu

L'équilibre géopolitique est donc un facteur déterminant pour reconnaître la vraie église. Celle-ci est un haut lieu d'excellence et de sainteté. Elle a appliqué dans le calme, la fidélité et la correction le programme du Seigneur, en rachetant des prêtres par tribu, langue, peuple et nation. C'est donc là où cet équilibre est respecté que se trouve la véritable Eglise. Pour n'avoir pas tenu compte de la nécessaire représentativité de toutes les tribus dans leur sein, tant au niveau de la sacrificature qu'à celui du peuple laïc de Dieu, les dénominations ont donné la preuve de leur fausseté. Ayant développé un modèle de salut complètement étranger au plan du salut dévoilé dans ce message, les dénominations ont démontré que l'esprit qui a présidé à l'attraction et à la « conversion » de leurs membres est différent de l'esprit de Jéhovah, auteur des lois, systèmes et mondes qui imposent le respect et l'admiration.

Une église qui ne peut justifier de la présence de toutes les tribus de la terre en son sein est une fausse église. Car si toutes les tribus de la terre ne sont pas représentées dans une église, il est évident que tous les prêtres ne seront pas en son sein, ce qui est contraire au plan du salut décrit ci-haut.

Certaines petites églises sataniques exploiteront à tort et à travers la parole du Seigneur disant que le chemin du ciel est étroit pour essayer de justifier l'insuffisance de la représentativité des peuples convertis en leur sein. Ceux-là doivent savoir que, quelle que soit l'étroitesse de ce chemin, toutes les tribus, toutes les langues, toutes les nations et tous les peuples de la terre doivent avoir au moins un des leurs rachetés par le sang de Jésus-Christ et affecté soit dans la sacrificature royale, soit dans la grande foule.

Ceci m'amène à déclarer que toutes les églises indépendantes ou alliées qui ne comptent pas toutes les tribus de la terre en leur sein doivent être fermées étant en violation flagrante de la loi fondamentale régissant le recrutement des membres de l'Eglise du Dieu vivant. Car la vraie Eglise est une et universelle, et se compose des hommes de toutes tribus. Il est évident qu'en ses débuts l'église ne comptait que quelques Juifs. Mais elle a progressé depuis lors, car de nouvelles tribus, de nouvelles nations, de nouvelles langues et de nouveaux peuples sont venus s'ajouter. Et 1960 ans après[17], elle englobe toutes les tribus, toutes les langues, toutes les nations et tous les peuples de la terre.

Si donc vous trouvez une église se réclamant de Jésus-Christ, mais qui, après 1960 années de mission est cantonnée dans une partie du monde, même si toutes les tribus de cette région en font partie, c'est une église satanique. Car, ne l'oubliez pas, l'église de Jésus est présente dans tous les coins du monde (Col 1 :23)[18].

---

[17] L'Eglise fut solidement établie en l'an 33 de notre ère.

[18] N'allez pas dire que l'Eglise de Jésus est la somme de toutes les églises qui gardent le commandement de Dieu et le témoignage de Jésus. Non, pour deux raisons. La première est qu'on n'additionne pas des êtres différents. Par exemple, on ne peut pas additionner les hommes et les chèvres, moins encore les canards et les poules. Chaque dénomination est une personne différente des autres parce que nantie d'une personnalité juridique différente de celle des autres. Additionner l'Eglise catholique et l'Eglise Branhamiste c'est additionner les loups et les chiens. Un loup et un chien ne font point deux loups ni deux chiens. La réponse c'est que c'est impossible de les additionner. On additionne les paroisses d'une même église. Oui, on peut additionner l'Eglise d'Ephèse avec celle de Smyrne, avec celle de Pergame, avec celle de Thyatire, avec celle de Sardes, avec celle de Philadelphie, avec celle de Laodicée, car ce sont des paroisses d'une même église universelle de Dieu. Les églises précitées n'avaient pas chacune sa propre personnalité juridique, elles étaient de simples sarments d'une même vigne de Dieu. Tandis que les autres dénominations sont chacune une vigne de Satan, avec ses sarments. La deuxième raison c'est qu'en apocalypse 12 : 1-15, Dieu montre qu'il ne connaît pas les églises qui gardent ses commandements et le témoignage de Jésus sans prendre part au combat contre le dragon, la bête, les dix cornes et Babylone la grande. Comme on le voit, Dieu lui-même refuse d'additionner l'enfant mâle et la femme enveloppée du soleil, d'une part, avec le reste de la descendance de la femme, d'autre part.

On ne peut donc pas dire qu'on va additionner les prêtres –rois de toutes les dénominations indépendantes pour atteindre le nombre voulu par Dieu. De même on ne peut pas additionner les chrétiens de différentes dénominations qui opèrent sur la terre pour atteindre le nombre des membres de la grande foule. Non, chaque église, si elle vient de Dieu doit compter en son sein, elle seule, tous les prêtres-rois et tous les membres de la grande foule. Sinon, celle qui ne remplit pas cette condition est du diable.

11

Descendance apostolique, unité et services réciproques sont des caractéristiques des membres de la vraie église

Déclarée immortelle par son Fondateur (Mt 16 :18), l'Eglise de Jésus a été bâtie une fois pour toutes, et nul ne peut, sous aucun prétexte, poser un nouveau fondement. Fondée en l'an 33 de notre ère, à la suite du baptême du Saint-Esprit survenu cette année-là sur les 120 disciples réunis à Jérusalem dans la chambre haute, l'Eglise de Jésus totalise aujourd'hui 1960 ans d'âge[19]. Elle poursuit un programme merveilleux, savoir racheter des hommes de toutes tribus. L'église a donc comme un homme sa date de naissance, sa taille et son histoire, une histoire écrite avec du sang et des larmes (Mt 23 :23 ; 2 Co 4 :8-12 ; 2 Co 6 :410 ; Apo 6 :9-11 ; Apo 16 :1-4 ; Apo 20 :4-6). Dès lors, toute confession religieuse qui n'a pas le même âge, la même histoire et la même dimension géopolitique n'est pas de Jésus.

Certes, étant un corps social, l'Eglise a plusieurs membres. C'est ainsi que la Bible parle de l'église d'Ephèse, de Smyrne, de Pergame, de Thyatire, de Sardes, de Philadelphie et de Laodicée[20], sans oublier les églises de Jérusalem, de Rome, de Corinthe, de Galatie, de Philippes, de Colosses, de Thessalonique, etc. qui sont les membres de l'église universelle. Les membres de l'Eglise peuvent ne comporter que les gens du coin. Mais pour être membre de l'Eglise de Jésus, une association religieuse doit fournir des preuves indiscutables de sa descendance apostolique et de son unité avec les autres membres de l'Eglise universelle visible[21].

C'est le moment de préciser que le simple fait de se servir de la Bible ne donne pas à une secte la qualité de membre de l'Eglise. La Bible n'est ni une source de légitimité, ni un ascendant chrétien, ni un membre de l'Eglise. Il ne suffit donc pas de s'attacher à la Bible pour affirmer son appartenance à l'Eglise de Jésus[22]. Il faut avoir reçu la vie chrétienne des apôtres ou directement du Seigneur (Ep

---

[19] Ce texte a été écrit le 09 juillet 1993, puis revu et publié en 2021.
[20] Apo 1 :11
[21] Jn 17 :20-21 ; Ep 2 :20
[22] Raison pour laquelle Dieu et Jésus livreront à Satan tous ceux qui se contenteront de s'attacher à la bible tout en observant une distance par rapport aux autres vrais chrétiens qui seront en lutte contre la bête et son image (Apocalypse 12 :15).

2 :20 ; Jn 6 :65), et être un avec tous les membres visibles de l'Eglise. Deux chrétiens, deux églises sont parfaitement un lorsqu'ils peuvent se dire mutuellement : « Tout ce qui est à moi est à toi, comme tout ce qui est à toi est à moi » (Jn 17 :10, 20-23 ; AC 2 : 44-47 ; 4 :32).

Or, après avoir fait le tour des sectes religieuses, je peux affirmer sans crainte d'être contredit, qu'elles ne sont point membre de l'Eglise de Jésus : Les sectes ne s'aiment pas les unes les autres au point de donner la vie les unes pour les autres, comme le Seigneur l'a ordonné (Jn 15 :12-13) ; au contraire, elles se haïssent , se jalousent, et se livrent une âpre concurrence sur le marché des fidèles ; elles ne sont pas parfaitement un de sorte à être les unes dans les autres, et à se prêter réciproquement ce serment d'amour : Tout ce qui est à moi est à toi, comme tout ce qui est à toi est à moi.

Si les dénominations étaient un, les fonds provenant des dîmes, offrandes et dons divers pourraient servir à la solution de tous les problèmes chrétiens d'où qu'ils viennent, sans discrimination aucune. Malheureusement, tel n'est pas le cas. A-t-on jamais vu l'église néo-apostolique débloquer ses fonds pour soutenir l'église adventiste, ou les témoins de Jéhovah envoyer leurs fonds à l'église catholique ? Les pentecôtistes peuvent-ils contribuer avec leurs avoirs à l'érection d'une église branhamiste ?

Si les dénominations chrétiennes étaient un, la hiérarchie chrétienne telle qu'établie en 1 Co 12 :28 serait respectée par tous. Malheureusement tel n'est pas non plus le cas. Un apôtre Méthodiste peut-il organiser avec succès une collecte des fonds dans les églises Anglicane, Catholique, Luthérienne, Adventiste, Kimbanguiste, etc. comme cela se faisait à l'époque paulinienne (2 Co 8 et 9 ; 1 Co 16 :1-4) ? Un Prêtre catholique peut-il obéir aux injonctions d'un Patriarche orthodoxe ? Un diacre Méthodiste peut-il reconnaitre l'autorité d'un apôtre Néo-Apostolique et invoquer celle-ci pour appuyer une thèse ?

Si les dénominations étaient une même Eglise, elles n'auraient pas chacune ses propres statuts, et sa propre personnalité civile. Nous savons que les Etats-Unis sont composés de cinquante membres ou Etats[23]. Mais ils n'ont pas cinquante constitutions. Et on dit à juste titre qu'ils sont unis. Tel n'est pas le cas pour les dénominations : autant de dénominations, autant de « constitutions » et autant de personnalités juridiques reconnaissant à chacune la capacité d'agir au nom de « Jésus » et de se structurer indépendamment des autres. D'où le dédoublement des institutions dites chrétiennes avec plusieurs Conseils Exécutifs, plusieurs clergés, plusieurs tabernacles, plusieurs Evêques dans une même localité, etc. laissant

---

[23] Réalité de 1993. Ils ont évolué depuis lors, et le nombre d'Etas est passé à 54.

perplexes les pauvres pécheurs à la quête du salut. A-t-on jamais vu l'église catholique délivrer ses cartes de baptême aux fidèles Méthodistes, ou une extension de l'Eglise Pentecôtiste revendiquer les autorisations de l'Eglise Orthodoxe pour s'établir quelque part ? Les témoins de Jéhovah sont-ils autorisés à fonctionner avec les papiers de l'Eglise adventiste, ou Catholique romaine, etc. ?

Les réponses négatives que nous recueillons à toutes ces questions prouvent que les dénominations n'appartiennent pas à Jésus. Cela rappelle la tour de Babel : tout le monde revendiquait la tour, mais les incompréhensions qui éclatèrent entre eux épuisèrent les ouvriers et ruinèrent l'entreprise. De même la grande confusion qui règne dans le monde religieux exterminera toutes les sectes, comme l'a prédit le Prophète (Jé 25 :32-37).

12

Les dénominations sont des multinationales religieuses

La prolifération des dénominations religieuses est une autre forme de l'impérialisme, inventée par le diable pour suppléer à ce qui manquait à la domination politique et économique des nations. Il existe une similarité frappante entre ces trois formes de domination, chacune étant née du désir d'étendre son pouvoir et de se constituer tout un empire des nations colonisées. Les dénominations commettent les mêmes abus que les sociétés multinationales et les grandes puissances politiques, notamment l'oppression et l'exploitation des populations qu'elles prétendent ouvrir au salut. Il est reproché aux dénominations entre autres choses une redistribution injuste des richesses provenant des dîmes, dons et offrandes, et des responsabilités sacerdotales. Nous connaissons des églises qui sont devenues des puissances sacerdotales grâce aux fonds versés par leurs fidèles. Nous connaissons aussi des pasteurs qui sont devenus des milliardaires grâce aux dons, dîmes et offrandes des fidèles. Mais nous savons aussi que ces églises et ces Pasteurs n'ont rien fait de sérieux pour le développement de leurs membres. Par exemple, rien de sérieux n'est fait pour soulager la misère des orphelins, des veuves et des indigents conformément à l'écriture (Ga 2 :10), et comme la première communauté nous y invite en prêchant par l'exemple (Ac 4 :32, 34). D'autre part, nous connaissons des coins du monde qui sont développés parce que leurs fils ont reçu de grandes responsabilités dans les dénominations. Donc les dénominations ont contribué et contribuent encore à l'abaissement social et à la consolidation de l'impérialisme dans le monde.

Non, l'écriture de base étudiée dans ce livre s'oppose énergiquement à l'impérialisme religieux. Si Dieu a donné à chaque tribu au moins un de ses dignes fils pour exercer le ministère de la réconciliation, c'est justement pour prévenir l'impérialisme religieux. Quiconque a saisi la portée du plan du salut dévoilé dans cet ouvrage sait que Jéhovah a pourvu à la totalité des besoins spirituels de ses enfants en dotant chaque tribu d'une sacrificature plénipotentiaire. De sorte qu'il ne reste plus un seul besoin auquel une dénomination pourrait prétendre répondre, et qui justifierait son existence. Les dénominations ne sont donc d'aucune utilité à l'humanité. Au contraire, elles nuisent aux intérêts de l'humanité en enseignant aux peuples le mépris de Dieu et de son sacerdoce, et en les privant de beaucoup de bénédictions du fait de se substituer aux vrais Prêtres. L'activité des dénominations offense le sacerdoce universel et celui qui l'a établi, aliène l'identité spirituelle des peuples, et hypothèque leurs chances de salut. **A moins d'en sortir, tous ceux qui se sont joints aux dénominations souffriront la seconde mort.**

13

Votre prêtre est la mère spirituelle de votre tribu

Cher lecteur, vous avez pu vous rendre compte que le salut a été planifié dans l'espace et dans le temps. Dans l'espace, disions-nous, le salut concerne toutes les familles de la terre ; dans le temps, il est offert avant tout aux prêtres-rois, et en second lieu aux masses. Mais les dénominations et leurs faux prêtres ont anticipé sur l'œuvre magnifique des vrais Prêtres, qui est de dispenser le salut en faveur de la grande foule, et qui vient seulement de commencer[24].

Rappelons que les prêtres-rois ont été rachetés comme des prémices de leurs tribus respectives. Dieu leur a assigné une mission noble, celle d'offrir le salut aux familles de leurs tribus, pour accomplir totalement la promesse faite à Abraham. Cela ressort de la merveilleuse correspondance qui se dégage des plans du salut des prêtres-rois et de la grande foule. L'on se souviendra qu'après avoir racheté les prêtres-rois d'entre toutes les tribus de la terre (Apo 5 :8-10), Dieu et Jésus devaient revenir une seconde fois dans les mêmes tribus, pour racheter les membres de la grande foule (Apo 7 :9-14). Ce fait démontre en luimême que les prêtres-rois, rachetés dans les différentes tribus, deviendront les auteurs d'un salut éternel pour la multitude de leurs frères, de leurs parents selon la chair. Cette contribution des Prêtres-rois au salut de l'humanité est soulignée dans plusieurs parties de la Bible.

Dans Romain 8 :19-22, nous lisons que les fils de Dieu, c'est-à-dire les Prêtresrois, délivreront la création tout entière de la servitude de la corruption à laquelle Satan l'a soumise.

Par ailleurs, les Prêtres-rois forment l'épouse de Jésus-Christ, la Jérusalem Céleste, à qui la Bible reconnait clairement la mission d'engendrer pour Dieu et pour Christ une nombreuse progéniture, qui héritera la terre transformée en paradis. La maternité de l'Eglise de Jésus est décrite entre autres dans les versets suivants : Es 49 :20-21 ; Es 54 :1-3 ; Ga 4 :26-27 ; Es 60 :4-5, 12 ; Es 66 :1013).L'un de ces versets nous apprend que l'Eglise de Jésus devait être stérile pendant un certain temps (Ga 4 :26-27). Jérusalem ne pouvait pas avoir d'enfants avant qu'elle ne soit

---

[24] Les prêtres-rois n'organisaient pas de croisades d'évangélisation pour convertir des laïcs, sachant que leur époque était encore future. Ils se conformaient en cela à leur Maître (Mc 4 :10-12).

entièrement constituée, c'est-à-dire que le nombre des Prêtres-rois ne soit atteint. Les lois naturelles ne nous enseignent-elles pas qu'une mère et son enfant ne peuvent naître le même jour ? La mère vient à l'existence avant son enfant. La confusion des dénominations éclate au grand jour en ce qu'elles essayent de « racheter » au même moment la mère, c'est-à dire les prêtres, et les enfants, c'est-à-dire la grande foule. Ceci nous fait comprendre que la multitude des membres des confessions religieuses sont des enfants de l'esclave. Jérusalem Céleste, les Prêtres-rois, devait rester sans enfants jusqu'à ce que la stérilité cesse. Et la Bible ajoute que les enfants de l'épouse seront plus nombreux que ceux de l'esclave. Ce qui donne une perspective heureuse pour toute l'humanité souffrante et gémissante. Mais pour obtenir ce salut, l'homme doit confesser Jérusalem comme sa mère spirituelle. Autrement dit, celui qui désire obtenir le salut doit dès maintenant abandonner son église actuelle afin de se réjouir avec Jérusalem en faisant d'elle le sujet de son allégresse. C'est en s'attachant à la Jérusalem Céleste, c'est-à-dire aux prêtres-rois que vous serez nourris et rassasiés du lait spirituel en vue de votre engendrement à la vie divine. Quiconque ignore les prêtres-rois passera à côté du salut.

14
Un schéma mathématique du salut

Vous avez pu vous rendre compte également que Dieu et Jésus sont très attachés au principe d'équilibre géopolitique. La sacrificature royale ainsi que la grande foule contiennent chacune toutes les tribus, toutes les nations, toutes les langues et tous les peuples de la terre. On peut en déduire que la vraie église c'est celle qui justifie de la représentativité de toutes les tribus de la terre aussi bien au niveau de la classe dirigeante qu'à celui de la masse des fidèles. A ce sujet, on peut s'amuser à définir la relation « Etre de la même tribu » entre l'ensemble des Prêtres-rois et celui des masses groupées par tribu. En reliant par une flèche les ressortissants d'une même tribu, on peut constater avec bonheur qu'une telle relation est une application surjective. Cela veut dire qu'à chaque prêtre-roi d'une tribu correspond une foule de personnes de la même tribu engendrée à la vie spirituelle. Inversement, à toute foule composée des gens d'une tribu donnée prise dans la multitude des fidèles correspond au moins un prêtre-roi[25].

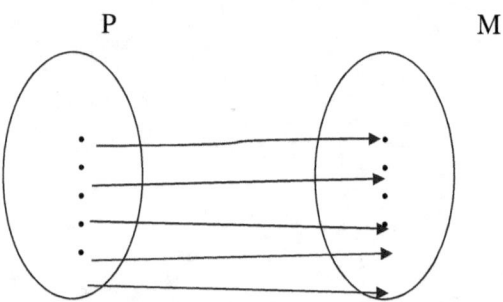

Ce diagramme permet de conclure que le salut d'une tribu est l'œuvre de ses propres Prêtres. Et plus singulièrement, votre salut, cher lecteur, ne viendra pas d'un autre endroit, si ce n'est d'un prêtre de votre propre tribu. C'est pourquoi je vous invite à repousser tous les faux prêtres, afin que vous puissiez accroître vos chances de recevoir ce salut qui est grâce, fidélité et miséricorde. Ayant noté qu'il existe un prêtre de votre tribu, vous devez le chercher, car il est écrit que celui qui

---

[25] P= Prêtres-rois. M = Masses laïques.

cherche trouve. Et dès que vous le trouvez, attachez-vous à lui, car il vous bénira, vous justifiera et vous réconciliera avec Dieu.

Vous devez reconnaître vos prêtres, tribu par tribu, nation par nation, peuple par peuple, et langue par langue. N'ayez pas honte des prêtres originaires de votre tribu. Il n'y a pas de petits et de grands prêtres. Tous les prêtres se valent, car chacun d'eux est une perle de grand prix (Mt 13 :45, 46 ; Apo 21 :21) ; ils ont la même foi, la même connaissance du mystère du royaume de Dieu (Mc 4 :11), le même esprit et le même degré de sainteté (Ep 4 :4-5) ; ils ont droit au même honneur, à la même gloire et à la même louange (Ex 19 :5-6 ; De 26 :18-19). Et l'ensemble brille comme une pierre de jaspe, comme un diamant éclatant et pur (Apo 21 :11).

Il n'y a donc pas de raison de sous-estimer un prêtre autochtone au profit d'un prêtre étranger. Ceci veut dire que vous n'avez pas besoin de continuer à attendre des serviteurs de Dieu en provenance de l'étranger. Que vous soyez africain, américain, asiatique, européen ou océanien, c'est pareil. Vous devez identifier vos propres prêtres et vous y accrocher. Agir autrement serait une trahison. Et tant que vous ne serez pas assez reconnaissant envers Jéhovah pour l'honneur qu'il vous a fait en élevant un des vôtres à la dignité de Prêtre-roi, votre joie en Christ ne sera jamais parfaite. Le mépris et le manque de confiance auront des conséquences catastrophiques, car ils attireront la colère de Dieu sur des tribus ingrates.

15

Le salut des laïcs est collectif

Souvenez-vous du peuple Juifs, qui pour avoir ignoré ses prêtres-rois, a subi un holocauste particulièrement sanglant. Le châtiment est tombé sur le peuple juif tout entier, et non seulement sur les artisans de la rébellion. Aucune mesure disciplinaire n'ayant été prise à l'endroit des délinquants (Mt 5 :29-30), c'est le corps social lui-même qui a été incriminé, de sorte que le châtiment est tombé même sur des innocents, ceux qui n'avaient pas délibéré sur l'immolation du Christ et des apôtres (1 The 2 :15-16 ; Ac 13 :26-27).

Cela suggère que des dispositions éclairées par la sagesse soient prises à l'intérieur de chaque tribu, afin de réserver aux Prêtres-rois autochtones l'honneur, la gloire et la louange[26] dus à leur rang (De 26 :18-19 ; 1Pi 1 :7). Car les prêtres-rois sont la lumière du monde (Mt 5 :14 ; Apo 21 :24). Et cette lumière est la vie éternelle dont toutes les familles de la terre ont besoin (Jn 1 :4). Ils viennent chez les leurs pour les abreuver du salut qui coulera de leur sein comme un fleuve d'eau vive (Jn 7 :38 ; Apo 22 :1).

Pour éviter ce qui est arrivé au peuple juif, les membres d'une tribu, du chef à l'esclave, doivent s'inciter les uns les autres pour recevoir collectivement le salut offert par leurs Prêtres. Les plus délinquants doivent bénéficier d'une plus grande aide spirituelle. Car ce sont les délinquants qui attirent la colère de Dieu sur leurs peuples. Quand un membre manque l'honneur, dit l'écriture, c'est tous les membres qui lui en donnent, afin qu'il n'y ait pas de division dans le corps, mais que les membres aient un souci commun les uns des autres (1 Co 12 :2425). Donc, la tribu étant un corps social, ses membres doivent éviter sa désintégration en prenant soin les uns des autres, et en donnant plus d'honneur[27] à ceux qui en manquent, afin que tous parviennent au salut. C'est là une grande responsabilité qui incombe à chacun de nous en tant que membre d'une tribu bien précise. Il ne s'agit pas de se détacher de sa tribu pour courir seul après le salut. Ceux qui se sont installés en dehors de leur tribu doivent regagner le bercail pour contribuer au salut

---

[26] Selon 1 Pi 1:7, les saints ont droit à la louange, à la gloire et à l'honneur. N'allez plus croire que seul Dieu a droit à la louange, à l'honneur, et à la gloire.

[27] L'exhorter à avoir le sens de l'honneur, à avoir une attitude morale exemplaire envers lui-même et envers autrui.

de leurs communautés respectives, et qui est conséquemment leur propre salut. Car le fait de vivre à l'étranger et/ou de changer de nationalité ne vous soustrait nullement au sort de votre tribu. Bon ou mauvais, le sort de votre tribu vous touchera, où que vous soyez[28]. A ce sujet la situation des juifs est là pour notre instruction. Personne n'ignore que la malédiction consécutive au rejet du Christ et des apôtres poursuit les juifs plusieurs siècles après et en dehors du territoire national. Et pourtant ils sont devenus qui Américains, qui Français, qui Allemands, etc. Chacun se rappelle le massacre des Juifs en Allemagne sous Hitler. Des millions de personnes apparemment innocentes périrent alors tout simplement parce qu'ils étaient des juifs. Vous avez donc tout intérêt à vous occuper du salut de votre tribu.

Pour mettre l'accent sur le caractère collectif du salut de la grande foule, Dieu menace d'exterminer la nation, la tribu qui ne servira pas la Jérusalem Céleste, c'est-à-dire l'Epouse de l'agneau, les Prêtres-rois (Es 60 :12 ; Za 14 :17). Relisez attentivement ces versets : la menace divine s'adresse à la communauté entière et non aux seuls délinquants. Et pour servir Jérusalem, vous devez commencer par servir le prêtre-roi de votre tribu.

---

[28] A ce sujet, il y a lieu de noter cet avertissement d'Esaïe 60 :12 : Car la nation et le royaume qui ne te serviront pas périront. Ces nations-là seront exterminées. En remarquant que nation et royaume sont des mots collectifs, on comprend aisément que le salut d'un homme est lié à celui de sa tribu. N'écoutez plus ces aventuriers qui vous disent que le salut est individuel. Comment le salut est-il individuel lorsque l'Eternel punit les fautes des pères sur leurs enfants jusqu'à la quatrième génération de ceux qui le haïssent (De 5 :9) ? Comment le salut est-il personnel lorsque vous savez que Dieu a exterminé le peuple Amalek à cause des péchés de leurs ancêtres (1 Samuel 15 : 1-33)? Comment le salut est-il personnel lorsque vous savez que les juifs ont souvent été exterminés à cause des péchés de leurs pères (Luc 19 :41-44 ; 21 :20-24)? Vous pourrez sauver personnellement votre vie si vous avez tout mis en œuvre pour sauver votre peuple, mais que vous n'avez pas été écouté. C'est dans ce sens que Dieu déclare que le père ne mourra pas pour l'iniquité de son enfant, ni l'enfant pour l'iniquité de son père (Ez 18 : 5 – 19, 20). Car souvenez-vous de ce principe divin dévoilé en Ezéchiel 3 :18 : Quand je dirai au méchant : Tu mourras ! Si tu ne l'avertis pas, si tu ne parles pas pour détourner le méchant de sa mauvaise voie et pour lui sauver la vie, ce méchant mourra dans son iniquité, et je te redemanderai son sang. Mais si tu avertis le méchant, et qu'il ne se détourne pas de sa méchanceté et de sa mauvaise voie, il mourra dans son iniquité, et toi, tu sauveras ton âme. Donc il faut faire très attention, car le salut n'est pas si individuel qu'on vous l'a prêché par des pasteurs, prophètes, Evangélistes et apôtres auto proclamés. Si donc comme vous dites, vous avez accepté Jésus comme votre sauveur, et êtes devenu juste, mais que vous ne faites rien pour détourner les gens de votre tribu de leur mauvaise voie, vous mourrez avec eux. Vous ne pourrez plus dire que vous ne le saviez pas.

16

A Rome un prêtre romain, chez les hutu un prêtre hutu

La nécessité d'utiliser les prêtres autochtones pour le salut des gens de leur origine a inspiré à l'apôtre Paul ces versets on ne peut plus significatifs : Avec les Juifs, j'ai été comme juif, afin de gagner les juifs ; avec ceux qui sont sous la loi, comme sous la loi, afin de gagner ceux qui sont sous la loi. J'ai été faible avec les faibles, afin de gagner les faibles ; je me suis fait tout à tous afin d'en sauver de toute manière quelques-uns (1 Co 9 :20-22). Paul, qui était un Hébreu, de la tribu de Benjamin, s'est donc fait violence pour respecter les particularités des tribus évangélisées, comme il a dû du reste observer la loi juive, tout en n'étant pas sous la loi (Ac 21 :17-26), afin de sauver quelques-uns.

C'est dire que la connaissance des particularités tribales est un préalable incontournable pour sauver un peuple. Or, qui peut connaître les traditions, les us et les coutumes d'un peuple mieux que ses propres fils ? Il faut donc pour le salut de la grande foule mettre à contribution les ressortissants mêmes de chaque tribu. Si Paul devait déployer de grands efforts pour se faire Romain parmi les Romains, Songe parmi les Songe, Zulu parmi les Zulu … c'est parce qu'il n'y avait pas encore à cette époque un Prêtre Romain, Songe, etc. qui aurait pu être utilisé dans cette œuvre. Maintenant que des Prêtres ont été rachetés dans toutes les tribus du monde, il n'est plus question que les Prêtres Romains ou Touaregs aillent se casser en mille morceaux en terres étrangères pour se faire comme Tetela ou Hutu, afin de gagner les Tetela ou les Hutu.

Cet avertissement s'adresse particulièrement aux pays dits du Tiers-monde. Dans ces pays, en effet, les populations ont tendance à croire que les pays développés ont le droit d'exporter la religion comme ils exportent les biens de consommation, la science, la technologie, les déchets toxiques, la friperie. Cette naïveté a favorisé l'exportation vers ces pays et la consommation de toutes sortes de modèles religieux conçus en occident notamment. C'est ainsi qu'on a vu des hommes non reconnus par leurs peuples comme des Prêtres du Christ débarquer dans des contrées étrangères, Bible à la main, pour soi-disant apporter le message de paix et de réconciliation avec Jéhovah Dieu. Et quand on y regarde de très près, on constate que ce sont des gens qui prêchent l'évangile pour leur ventre (Rm 16 :18 ; Ph 2 :21 ; 3 :19), qui s'appuient sur l'Etat et soutiennent des régimes politiques décriés par leurs peuples, des touristes, des hommes d'affaires déguisés en ministres du Christ, des assassins, des adultères, des magiciens, des corrompus, bref des païens. Les dénominations protestantes savent ce que nous disons, car à plusieurs reprises leur bonne foi a été surprise.

Le plus souvent, les gens ne se demandent pas si une telle doctrine vient du vrai Dieu. Leur question est plutôt : cette doctrine vient-elle de l'occident ? Si elle vient de l'occident, ou si elle est parrainée par lui, une doctrine a beaucoup de chance d'être acceptée, sinon elle rencontrera une grande résistance. C'est ainsi que beaucoup de gens n'acceptent pas **l'Evangile Eternel** tout simplement parce qu'il a pris naissance au Zaïre et que Dieu l'a confié à un Zaïrois.

Nous espérons que le présent exposé, qui se veut un message de paix, d'égalité, de liberté, et de respect mutuel rétablira chaque peuple dans sa dignité sacerdotale.

17

Chasser pasteurs et curés pécheurs

Désormais, vous n'admettrez pas qu'une canaille dirige des hommes moralement et spirituellement supérieurs, ni qu'un pécheur prenne la tête du troupeau du Seigneur. Le règne de la domination raciale dans le domaine religieux a pris fin maintenant. L'impérialisme religieux qui a prévalu jusqu'à maintenant doit cesser sur toute la terre.

Toutes les missions évangéliques bidon doivent prendre fin. Nous demandons même à tous les pays qui savent que leurs ressortissants développent des activités évangéliques en terres étrangères de les rappeler sans plus tarder. Car tout compte fait, leur bilan est tout à fait négatif. Ils ont zéro. Depuis qu'ils ont entrepris de parler de Dieu et/ou de Jésus personne, y compris d'ailleurs eux-mêmes, n'est jamais parvenu à une conversion permanente. Par contre, ils ont même perverti la signification du mot conversion, faisant croire qu'une personne est convertie, et donc sauvée lorsqu'elle adhère tout simplement à leur religion et qu'elle réussit à conjuguer le verbe croire en Jésus au temps présent et à la première personne du singulier. En conséquence, on voit des foules adhérer massivement à des formules religieuses tout en conservant jalousement leurs péchés, auxquels ils ne permettent que personne touche du doigt. Des dizaines voire des centaines d'années après avoir accepté leur religion, leurs membres continuent toujours à pécher alors que la parole de Dieu déclare qu'à ceux qui l'ont reçu, à ceux qui croient en son nom, Jésus-Christ a donné le pouvoir de devenir fils de Dieu et de ne plus commettre un péché (Jn 1 :12-13 ; 1 Jn 3 :810 ; 5 :18).

Toutes les tribus de la terre ont reçu par cette occasion l'ordre de se séparer et de chasser tous les Pasteurs, abbés, curés, et Missionnaires qui ne justifient pas d'une conversion irréversible, éternelle. Si vous continuez à les laisser agir, ils vous empêcheront définitivement d'entrer dans le royaume des cieux, et vous mourrez dans vos péchés[29]. Car de tels conducteurs vous volent doublement : ils vous dérobent les paroles de Dieu et l'influence qu'elles peuvent avoir sur votre vie spirituelle (Jé 23 :30) ; ensuite ils volent vos dîmes, vos offrandes et vos dons pendant que vous croyez les avoir adressés à Jéhovah, Dieu.

---

[29] A ce sujet, Jésus – Christ dit : Si un aveugle conduit un aveugle, ils tomberont tous deux dans une fosse (Mt 15 :24).

Oui, tous les dons que vous avez faits aux faux prêtres ne comptent pas pour Jéhovah et Jésus. C'est comme quelqu'un qui au lieu de payer sa facture de consommation d'eau à la REGIDESO, s'en va verser le montant à la caisse de la SNCZ. Une telle personne est-elle quitte vis-à-vis de la REGIDESO ? Il y a risque qu'on lui coupe la fourniture de l'eau. C'est ainsi que se présente devant Dieu la situation de la grande majorité des habitants de la terre concernant les dîmes, les offrandes et les dons.

Or, vos dons constituent le parfum d'une agréable odeur à l'Eternel (Ph 4 :18). Bien plus, vos dons appuient vos prières, en tenant lieu d'holocauste, le deuxième animal qui était offert en complément de celui qui servait de sacrifice d'expiation (Apo 8 :3-4 ; Lé 8 :14-18 ; 5 :7). Parmi les deux sacrifices, Jésus-Christ prend la place de la victime expiatoire (Ep 5 :2 ; 1 Jn 2 :2), tandis que vos dons remplacent l'holocauste. Vous devez donc vous mettre en règle avec Dieu en versant vos dons auprès des vrais Prêtres, qui sont ses représentants et donc ses caissiers[30].

---

[30] En Esaïe 18 :7, Dieu précise que les offrandes sont réputées versées dans son coffre lorsqu'elles ont été remises aux prêtres-rois, qui forment la Jérusalem. Celles qui ont pris une autre destination ne comptent pas pour l'Eternel Dieu.

18

Conclusion

J'ai montré avec force détails que Dieu a donné des prêtres-rois pour être les auteurs du salut éternel de leurs frères, de leurs parents selon chair.

Pour recevoir ce salut en manifestation, les hommes et les femmes de toutes langues doivent abandonner leurs religions, leurs églises actuelles pour bâtir des églises- tribus.

A la place des églises catholique, orthodoxe, adventiste, méthodiste, baptiste, témoins de Jéhovah, presbytérienne, luthérienne, pentecôtiste, néo-apostolique, branhamiste, Kimbanguiste, Bakwidi, musulmane, bahaïe, bouddhiste, mooniste etc., Dieu veut entendre parler désormais de l'église de Songe, de Lulua, de Kuba, de Bangubangu, de Hutu, de Tutsi, de Nande, de Baoulé, de Touareg, de Flamand, de Wallon etc., etc., toutes engendrées par **l'Evangile Eternel** et reliées au Christ par les prêtres-rois autochtones comme les branches de la vigne sont rattachées au cep par l'intermédiaire des sarments.

Pour ce faire, les prêtres-rois opèrent à l'intérieur de leurs collectivités d'origine. C'est pour elles avant tout qu'ils ont été faits prêtres-rois. Il ne faut jamais oublier cela. Un Prêtre ne peut se déplacer qu'en cas de nécessité évidente. Un Prêtre exerçant le ministère d'apôtre ou de prophète peut avec raison effectuer des déplacements en dehors de sa tribu, de sa nation, afin de communiquer aux autres frères une nouvelle lumière, une nouvelle instruction divine ou quelque don spirituel (Rm 1 :11 ; 15 :29). Le vagabondage et le folklore auxquels nous assistons ces derniers temps de la part des soi-disant serviteurs de Dieu sont l'œuvre de Satan visant à détourner l'attention des peuples de leurs propres prêtres.

Il est inadmissible, en effet, que des gens abandonnent leurs propres tribus dans un état de péché lamentable, pour aller apporter le salut ailleurs. Nous ne voyons pas cette habitude chez les premiers chrétiens. Des douze apôtres du Seigneur, onze ont été responsabilisés pour le salut de leur nation, Israël, tandis qu'un seul a été expressément envoyé pour éclairer les nations étrangères (Ga 2 :7-9).

Même alors, Paul n'a pas caché l'immense souci qu'il avait pour le salut de ses frères, ses parents selon la chair ; **il dit qu'il voudrait être anathème et séparé du Christ « Si ses frères, ses parents selon la chair ne parvenaient pas au salut**

» (Rm 9 :2-5). Ce qui nous fait comprendre que les prêtres sont établis avant tout pour le salut de leurs propres peuples.

Peuple Songe, lève-toi pour restaurer

Votre serviteur est de la tribu des Songe. Son père et sa mère sont à 100 % Songe. A l'instar de Jésus et des onze apôtres, Dieu l'a envoyé à son propre peuple, pour sa conversion et son salut éternel. Il en est fier et pense que tous les Songe vont se sentir honorés d'avoir l'un des leurs élevé à la dignité de Prêtreroi. Nous invitons par cette occasion tous les fils et toutes les filles de la noble tribu Songe à adhérer massivement à l'Evangile Eternel, afin de participer à la grandiose œuvre de restauration de l'humanité souffrante et gémissante, et de la création tout entière. Que les Songe sachent d'ores et déjà que nous adressons sans cesse d'ardentes prières à Jéhovah, afin qu'il daigne accorder à tous les membres de notre peuple, aux morts, aux vivants et à la postérité, le salut éternel, le bonheur et la consolation selon sa richesse, magnifiquement en Christ Jésus notre Sauveur Bien-Aimé. Puisse Jéhovah, le Miséricordieux, rendre tous les Songe capables de participer à l'héritage des saints. Aussi nous demandons à tous les Songe de nous envoyer rapidement leur adhésion, en nous écrivant à l'adresse reprise au bas de cet écrit.

Mais votre serviteur n'est pas seulement un Prêtre-roi. Il est en plus le **Messager de l'Evangile Eternel**, chargé de fermer l'ère des Prêtres-rois, et d'ouvrir celle des Masses laïques. A ce titre, j'invite les hommes et les femmes de toutes tribus, de toutes langues, de toutes nations, et de tous peuples, à conclure une alliance avec Jéhovah sur l'Evangile Eternel, qui est leur jour de pardon, de conversion et de salut.

Appel des chrétiens à la désobéissance civile

Que les hommes de toutes tribus sachent que l'Evangile Eternel introduit le royaume de Dieu sur la terre. Ce royaume qui était futur durant toute la dispensation de la grâce (Mc 1 :15 ; Luc 19 :11-12), Dieu vient de le remettre à notre Seigneur Jésus-Christ, afin qu'il mette en place sur la terre un gouvernement mondial, qui garantira la paix, la justice, et la prospérité pour tous, en même temps que la sécurité spirituelle. C'est donc maintenant que chaque tribu recevra son héritage, à l'instar des douze tribus d'Israël, qui reçurent chacune son territoire sous Josué. Pour ce faire, chaque tribu doit proclamer la souveraineté de Jésus-Christ sur son territoire actuel. Chaque tribu doit renoncer à tout devoir et obligeance envers les autorités politiques du présent système. Le royaume du monde étant remis à christ (Apo 11 :15-17), c'est chaque mètre carré de la terre qui doit passer maintenant sous sa coupe. Toute langue prêtera serment de fidélité à Jésus (Es 45 :23). Toute tribu doit interdire que l'un de ses fils prête serment de fidélité à un autre. Car continuer à obéir au pouvoir de ce monde tout en revendiquant le royaume de Dieu, c'est de la pure hypocrisie. Il faut choisir entre le royaume de Dieu et le royaume de ce monde. Celui qui choisira le royaume de Dieu sera sauvé par lui. Mais celui qui choisira le royaume de ce monde périra avec lui. Le salut des masses tient à ce prix. C'est pourquoi il est écrit dans l'Evangile Eternel :

Si quelqu'un adore la bête et son image, et reçoit une marque sur son front ou sur sa main, il boira, lui aussi, du vin de la fureur de Dieu, versé sans mélange dans la coupe de sa colère, et il sera tourmenté dans le feu et le soufre, devant les saints anges et devant l'agneau. Et la fumée de leur tourment monte aux siècles des siècles ;et ils n'ont de repos ni jour ni nuit, ceux qui adorent la bête et son image, et quiconque reçoit la marque de son nom (Apo 14 :9-11).

Cette section de l'Evangile Eternel lance un appel clair à la désobéissance civile. La bête représente le pouvoir civil de ce monde, du type impérial, agissant par l'intermédiaire des rois et chefs d'Etat (Apo 17 :8-13). Pour rejeter la bête, il faut commencer par rejeter l'autorité la plus proche de vous, qui est à son service. Ayant rejeté la bête et ses rois associés, vous devez introniser Christ et ses prêtres-rois.

La complicité entre les Prêtres-rois et les Masses laïques en vue de l'établissement du royaume de Dieu dans chaque tribu ressort de l'écriture suivante :*Ils (les chefs de ce monde) combattront contre l'agneau, et l'agneau les vaincra, parce qu'il est le Seigneur des seigneurs et le Roi des rois, et les appelés, les élus et les fidèles qui sont avec lui les vaincront aussi (Apo 17 :14).*

C'est donc une mobilisation générale qui doit être décrétée : les masses qui avaient reçu l'appel durant l'ère de la grâce sans parvenir à l'élection, sont désormais associées au petit troupeau qui a été élu, pour introduire le royaume de Dieu sur la terre. L'écriture précédente distingue nettement entre la classe des élus et celles des appelés, et montre comment l'une et l'autre sont rangées derrière Jésus sous la dispensation de l'Evangile Eternel pour combattre les chefs de ce monde. Ce qui fait comprendre que les masses de chaque tribu se mobiliseront comme un seul homme derrière leur prêtre-roi pour défendre leur territoire contre la domination des rois de ce monde.

Tous les Prêtres-rois sont informés que l'œuvre grandiose de restauration de toutes choses, pour laquelle ils ont été faits Prêtres, vient de commencer. Ils sont donc invités à se joindre à leur serviteur pour proclamer de commun accord le merveilleux Evangile Eternel qui délivrera l'humanité de la servitude de la corruption à laquelle Satan, agissant par l'intermédiaire du pouvoir politico-religieux actuel, l'a assujettie.

Par prêtre-roi, nous entendons un disciple de Jésus, appelé à l'existence durant l'ère de la grâce, et qui ne pèche plus ; c'est quelqu'un qui ne peut même pas pécher, car la semence de Dieu demeure en lui (1 Jn 3 :8-10). Un vrai Prêtre-roi doit avoir reçu au moins une vision du Seigneur Jésus (Jn 14 :21-23). Et ses principales connaissances sur le royaume ne viennent pas de la chair et du sang, mais directement du Seigneur (Mc 4 :11 ; Ga 1 :11-12)[31]. Si vous remplissez ces conditions, vous êtes un vrai Prêtre. Dans ce cas, nous vous prions de recevoir les instructions de l'Evangile Eternel, et de vous mettre ensuite au service de votre tribu, qui attend avec un ardent désir votre manifestation, pour avoir part à la liberté de la gloire des Prêtres-rois.

---

[31] A l'exception du livre scellé de sept sceaux qui doit lui être enseigné par le Messager de l'Evangile éternel (Mt 25 : 1-6 ; Mt 24 :45-47 ; 1 Co 13 : 9 ; Apo 14 :6-7).

Appendice 1

FIN DE LA GRACE - EVANGILE ETERNEL
INVESTITURE RECENTE DE JESUS-CHRIST

Nous reproduisons ci-après, in extenso, à titre de rediffusion, afin que nul ne prétexte l'ignorer, le dernier message du Dieu Très-Haut à l'humanité, publié par le dernier des prophètes de Dieu, KAMANGO SELEMANI SHETA-SHETA, message portant sur la venue, en date du 03/05/1983, du jugement et du règne de Dieu, et destiné à toutes les tribus du monde. Conformément à la parole de Jésus-Christ consignée en Mathieu 10 : 27, celui qui reçoit ce message est tenu de le prêcher aux autres sans en attendre un enseignement musclé et élaboré.

En voici la teneur :

Jésus-Christ est monté au ciel pour y être investi de royauté et revenir ensuite (Luc 19 :12). Mais auparavant ce Prêtre-roi devait exercer la fonction de Souverain sacrificateur, comparaissant devant Jéhovah Dieu, avec son sang, et plaidant, tel un avocat en faveur de chaque personne (Hé 9 :24).

En d'autres termes, depuis qu'il est monté au ciel Jésus assumait la dispensation de la grâce de Dieu qui maintenant vient d'arriver à son terme.

Aussi, Dieu, le Père, par l'entremise du tribunal céleste, vient-il de déclarer digne d'entrer dans son règne ce Jésus de Nazareth qui mourut sur la croix voici bientôt 2000 ans.

Ceci accomplit les prédictions de Daniel (7 :9-14) et Jean (Apocalypse 5 :1-12). En vérité, il était prévu qu'un jour le tribunal céleste siégerait avec comme juges les vingt-quatre vieillards et les quatre animaux vivants, Dieu le Père étant le juge suprême (Apocalypse 4 et 5 ; Dan 7 :9-10).

Ce tribunal était chargé d'examiner la cause de Jésus-Christ pour apprécier ses prestations en tant que rédempteur de l'humanité et sa dignité pour ceindre le diadème de Roi des rois et Seigneur des seigneurs.

Sachez-le donc, le Souverain tribunal a siégé et rendu le verdict suivant : « Voici, le Lion de la tribu de Juda, le rejeton de David, a vaincu pour ouvrir le livre et ses sept sceaux ... Tu es digne de prendre le livre et d'en ouvrir les sceaux ; car tu as été immolé, et tu as racheté pour Dieu par ton sang des hommes de toute tribu, de toute langue, de tout peuple, et de toute nation ; tu as fait d'eux un royaume et des sacrificateurs pour notre Dieu, et ils régneront sur la terre (Apocalypse 5 : 5, 9, 10). »

Ensuite tous les Anges qui assistaient à cette merveilleuse audience proclamèrent tout haut : l'Agneau qui a été immolé est digne de recevoir la puissance, la richesse, la sagesse, la force, l'honneur, la gloire et la louange (Apocalypse 5 :12).

Alors Dieu le Père, en sa qualité de Juge Suprême (Hébreux 12 :23), entièrement satisfait des prestations de celui qu'il appelle « mon Fils bien-aimé » couronna la cérémonie en conférant à Jésus-Christ la domination, la gloire et le règne, et en ordonnant que « tous les peuples, les nations et les hommes de toutes les langues le servent ».

Cet événement s'est passé en 1983. Cette année-là, le troisième jour du mois de mai, Jésus-Christ, une fois investi de royauté, me communiqua la bonne nouvelle de son intronisation. Alléluia !

L'évangile éternel mentionné en Apocalypse 14 :6-7 fait immédiatement suite au compte-rendu du tribunal céleste et annonce la bonne nouvelle de l'investiture récente du Fils de Dieu, notre Seigneur et Roi Jésus-Christ.

Cet évangile est le moyen divin par lequel l'humanité est informée de la sentence déclarant Jésus digne de gloire et de royauté. C'est grâce à l'évangile éternel que l'humanité est associée à cette apothéose cosmique.

En annonçant la venue du jugement, le messager de l'Evangile Eternel veut attirer l'attention de l'humanité sur le changement intervenu dans l'œuvre de Dieu : C'est que Jésus-Christ vient de quitter le fauteuil de la prêtrise pour occuper celui de la royauté.

Autrement dit, l'œuvre de la grâce est absolument terminée, voici, celle de la vengeance commence.

L'évangile éternel me confié en mai 1983 inaugure donc l'ère de la vengeance et marque la fin de la dispensation de la grâce. Tous ceux qui se sont « convertis » après cette date doivent savoir que leur « conversion » est nulle et de nul effet, la porte de la grâce de Dieu étant désormais close.

A dater de mai 1983 seule, alors seule, la proclamation de l'évangile éternel exprime pleinement la volonté de Jéhovah et de Jésus, définit la véritable Eglise et établit le nouveau critère de communion avec le Christ intronisé et de l'intégrité de la foi.

En conséquence, tous ceux qui rejetteront l'évangile éternel démontreront de ce fait leur asservissement mentalo-spirituel, et **joindront les rangs de l'apostasie évoquée en 2 Th 2 :3.**

Evénement unique dans le cosmos, l'investiture du Seigneur Jésus ne va pas sans s'accompagner de signes visibles.

La Bible autorise d'en citer quatre qui sont :

1. Le terrorisme ;

2. La crise économique ;

3. La famine, et

4. Les maladies.

L'accomplissement de ces signes selon l'écriture sainte, est à considérer comme témoignage de l'intronisation de Jésus car aucun d'eux ne peut se réaliser sans cette dernière.

Je me bornerai à dire quelques mots sur le terrorisme et la crise économique. En revanche, la famine et les maladies étant des signes controversés dans les prévisions du retour du Christ en raison de leur fréquence dans l'histoire des nations, seront laissées de côté.

Quoi qu'il en soit, la Bible déclare que l'investiture de Jésus de l'autorité royale appelle le terrorisme cosmique, le pillage des économies des pays pauvres par les grandes puissances militaires, la famine et l'accroissement de la mortalité (Apocalypse 6 :3-8).

Et d'abord le terrorisme !

A l'heure qu'il est, le terrorisme à l'échelle universelle n'a plus besoin de démonstration. Tous les habitants de notre planète rendent l'âme de terreur (Luc 21 :26). Aucune nation n'est à l'abri de ce fléau qui est destiné à enlever la paix de la terre, afin que les hommes s'égorgent les uns les autres (Apocalypse 6 :4). Je dis qu'aucune nation n'est épargnée par cette puissance des ténèbres car, un bateau, une auto, un avion, qui explosent sous l'effet d'une bombe piégée, ou encore une bibliothèque, un hôtel, une salle de spectacle, qui sautent, ne sont rien de moins que des collectivités multinationales.

Si les années 80 en général ont salué le terrorisme, nous conviendrons que c'est surtout les années 1984-1986 qui ont accouché du terrorisme international. Ce mouvement criminel atteindra son apogée en Avril 1986 en jetant dans la peur et l'insécurité la plus grande puissance même du monde, j'ai cité les Etats-Unis d'Amérique. Quel défi !

L'histoire n'oubliera jamais les hostilités américano-libyennes issues du terrorisme.

Pourquoi les années 84-86 sont-elles empreintes de terrorisme ? Parce que Jésus-Christ, le Roi de la paix, vient d'être investi de royauté en 1983 mettant ipso facto un terme à l'administration de la paix, **et libérant le train de l'évangile du jugement.**

Selon la parole de Dieu, le terrorisme est destiné à peindre l'époque où Jésus reçoit la royauté en manifestation. De sorte que la prédication de l'évangile éternel soit reconnue comme une entreprise divine et rencontre la foi sur la terre (Luc 18 :7, 8).

Un autre signe consécutif à l'avènement du Christ à la royauté est la dégradation économique. Je laisse aux économistes le soin d'avancer des dates et des chiffres savants en matière de dégradation économique au plan international. Ce qui intéresse notre étude, c'est la manière dont la Bible voit venir cette plaie sociale : « Et j'entendis au milieu des quatre êtres vivants une voix qui disait : une mesure de blé pour un denier, et trois mesures d'orge pour un denier » (Apocalypse 6 :6). En accomplissement de cette écriture, le pillage des économies des uns par les autres s'érige en système irréversible.

Les pays pauvres militairement sont frustrés par les grandes puissances qui disposent librement de leurs économies. Terrifiés, les premiers croient n'avoir pas le droit de s'opposer aux caprices de ces derniers.

En mentionnant « une mesure de blé pour un denier et trois mesures d'orge pour un denier », la Bible rappelle la ruine antique des syriens par Israël alors une grande

puissance militaire (2 R 7 :6, 7, 16), et trahit en même temps le dépouillement des économies des nations déshéritées par les pays nantis.
Cette grande vérité liée à l'investiture de Jésus-Christ trouve son plein accomplissement dans le surendettement des pays du tiers monde. Les relations entre pays du nord et ceux du sud sont aujourd'hui ce que furent autrefois celles entre Israël et la Syrie respectivement.

Les pays du nord ont poussé ceux du sud à se dépouiller, en livrant d'énormes quantités de matières premières moyennant une quantité infinitésimale d'unités de compte. Ce qui est de donner trois mesures d'orge pour un denier.

La récession économique n'a jamais été au centre de l'actualité internationale comme elle l'est depuis 1984.

Une telle crise n'est pas le fait du hasard. Elle est plutôt provoquée par l'investiture du Fils de Dieu.

Ainsi donc, la naissance et l'escalade du terrorisme, la crise économique, l'éclosion des maladies quasi incurables comme le SIDA, l'accroissement de la mortalité et la persistance de la famine ces **trois dernières années** accomplissent les 2e, 3e et 4e sceaux décrits en Apocalypse chapitre six versets 3 à 8 et dont l'ouverture était subordonnée à l'intronisation du Seigneur Jésus.

Jésus-Christ s'est levé. Il va bientôt exécuter le vaste programme du jugement jusqu'à ce que toutes puissances, autorités, et dominations lui soient soumises (1 Co 15 :24-28).

Parmi ces dernières nous pouvons citer :

1) Les puissances angéliques : Satan et ses suppôts ;
2) La mort, la maladie, la souffrance, la misère, la famine ;
3) Les puissances politiques et militaires ;
4) Les puissances religieuses : toutes organisations religieuses confondues.

Nous voici parvenus à la dernière étape de l'œuvre du Christ et des systèmes de ce monde. Je voudrais, pour clore cette communication, répondre avec précision à la question suivante : **Que faut-il faire pour échapper à la colère de Dieu et de l'Agneau ?** Il faut faire partie de l'Eglise du Christ. Ceci appelle une sous question : où est l'Eglise du Christ ? Selon la parabole de l'ivraie, aucune des dénominations chrétiennes ne mérite d'être proprement appelée Eglise du Christ.

Et pour cause, la coexistence en leur sein de deux types de croyants :

Les vrais enfants de Dieu représentés par le blé, et les sujets du diable préfigurés par l'ivraie (Mt 13 :24-43).
En vertu de la parabole précitée, l'enfantement de la vraie Eglise aurait lieu à l'époque de la moisson.

A cette époque, Jésus enverrait des hommes pour séparer les enfants de Dieu d'avec ceux de Satan (Mt 13 :39-42 ; Jn 4 :38).

Notez soigneusement que Dieu a prévu deux séparations. La première est opérée par les hommes lors de la moisson (Jn 4 :38 ; Mt 13 :39).

La seconde a lieu plus tard, au renouvellement de toutes choses. Jésus lui-même procédera à cette nouvelle séparation tandis que les élus auront déjà été enlevés et installés sur des trônes (Mt 19 :28 ; Mt 25 :31-34, 41 ; Apo 12 : 5-6, 13-14 & Apo 19 :11-21 : on y voit, d'un côté, les fils de Dieu, et de l'autre, les enfants de Satan séparés par Jésus-Christ).

Toutes les œuvres antérieures ayant entraîné des ruptures entre les croyants étaient des entreprises humaines. Jésus n'en est pas responsable, parce qu'il s'est opposé aux séparations pour quelque motif que ce soit avant la moisson (Mt : 13 :27-30).

Le Protestantisme avec ses mille et une ramifications, y compris l'Association Les Témoins de Jéhovah, ne méritent pas d'être appelés Eglise du Christ. Ce sont des sectes, des filles de l'Eglise Catholique romaine. **En provoquant des séparations avant la moisson, les leaders chrétiens se sont rendus coupables de désobéissance à la parole du Seigneur disant de laisser croître ensemble le vrai et le faux. Tous les protestants ont hérité ce péché comme nous avons tous hérité le péché d'Adam et Eve.**

La seule façon d'être affranchi de ce péché, c'est de se repentir d'être protestant en faisant partie des moissonneurs.

L'époque de la moisson évoquée ci-dessus est celle de l'investiture de Jésus.

Elle est présidée par l'Evangile Eternel qui a reçu mandat de préparer la moisson (Apocalypse 14 :15, 16).

La vraie Eglise qui échappera à la colère de Dieu et de l'Agneau est l'ensemble des chrétiens qui quitteront les dénominations et se joindront au message de l'Evangile Eternel. En croyant et en s'employant à diffuser ce message, ils seront un seul esprit avec le Christ intronisé. De sorte que les disciples de l'Evangile Eternel formeront une Eglise bâtie sur la révélation de Jésus (Voir Mt 16 :16-18) **en contraste avec toutes autres organisations chrétiennes fondées sur le sang ou la dissidence.**

Si quelqu'un vous aborde avec l'évangile de grâce et vous dit de quitter une dénomination pour une autre, ne le recevez pas. Ce n'est pas un moissonneur. **Vous reconnaîtrez les moissonneurs par l'Evangile Eternel enseignant la fin de la grâce pour l'ivraie.** Les deux évangiles sont tout à fait différents. Leur différence est tout aussi critique que l'est celle entre la croix et le trône. **La bonne nouvelle de grâce est fondée sur l'élévation de Jésus sur la croix tandis que sa récente intronisation sert de fondement à la bonne nouvelle éternelle.**

Sortez de toutes les dénominations, allez à la rencontre du Christ intronisé.

C'est en persévérant dans le témoignage de l'évangile éternel que nous régnerons avec lui ; si nous le renions lui aussi nous reniera (2 Tim 2 :12).

K. S. SHETA-SHETA,
MISSION D'EVANGILE ETERNEL
B. P. 1254 – LUBUMBASHI
Le 15 Août 1986

C'est donc l'intronisation du Seigneur Jésus qui a déclenché les crises et fléaux qui frappent la terre depuis 1983. Pour apaiser cette colère de Dieu, tous les Chefs d'Etat du monde doivent reconnaître Jésus-Christ comme leur Roi, lui prêter allégeance publiquement, et rendre le pouvoir aux saints du Très Haut, afin que ceux-ci restaurent le royaume de Dieu dans les tribus de leurs pères.

Fait à Lubumbashi, le 15 Août 2021

    K. S. Sheta – Sheta

    Messager de l'Evangile éternel

Appendice 2

DIALOGUE INTER-CHRETIENS

J'ai un rêve que je voudrais partager avec tous les chrétiens du monde. Mon rêve, c'est de vaincre les divisions dans l'Eglise de Dieu, de pacifier, de rassembler, d'unifier, de souder, de cimenter les chrétiens en vue d'un combat qui se profile à l'horizon.

Les chrétiens, en effet, ont une tâche commune à exécuter à la fin du monde. Cette tâche consiste à combattre aux côtés du Seigneur Jésus - Christ, un ennemi pluriel appelé symboliquement la bête, l'image de la bête, la marque de la bête, le nom et le nombre de la bête, les dix cornes, la bête à deux cornes semblables à celles d'un agneau, Babylone la grande, etc.

Ce combat commun à tous les chrétiens ressort des écritures saintes ci-après :

- *Apocalypse 17 :12-14 :*

Les dix cornes que tu as vues sont dix rois, qui n'ont pas encore reçu de royaume, mais qui reçoivent autorité comme rois pendant une heure avec la bête (…).

*Ils combattront contre l'agneau, et l'agneau les vaincra, parce qu'il est le Seigneur des seigneurs et le Roi des rois, et les **appelés**, les **élus** et les **fidèles** qui sont avec lui les vaincront aussi.*

- *Apocalypse 18 :4-6 :*

Et j'entendis du ciel une autre voix qui disait : sortez du milieu d'elle, mon peuple, afin que vous ne participiez point à ses péchés, et que vous n'ayez point de part à ses fléaux (…).

Payez-la comme elle a payé, et rendez-lui au double selon ses œuvres. Dans la coupe où elle a versé, versez-lui au double.

Les écritures ci-dessus montrent clairement que les chrétiens ont une tâche commune leur assignée par Dieu. Cette tâche consiste à combattre contre la bête et Babylone la grande plus leurs alliés.

Vous l'avez relevé de vous-même, il existe une unité satanique, qui se construit autour de la bête symbolique. Malgré leur nombre et leur diversité, les dix cornes symboliques, soit dix nations, sont unies pour combattre contre l'agneau, qui est Jésus-Christ. Ces nations unies, faut-il le souligner davantage, ont pour ennemi commun Jésus-Christ, et elles ont un même dessein, celui de combattre contre Jésus. Pour cela elles se sont choisi un leader commun, en l'occurrence la bête symbolique à laquelle elles donnent leur puissance et leur autorité afin de vaincre l'agneau de Dieu.

Il n'en est pas ainsi des chrétiens qui se livrent à des luttes intestines. Les chrétiens sont très divisés, ils n'ont pas un même dessein, et ils se considèrent comme ennemis les uns des autres, au point de se battre pour gagner des adeptes.

Les chrétiens sont davantage divisés sur l'identité de leur ennemi commun. Chaque chrétien, ou pour ne pas exagérer, chaque dénomination chrétienne, a sa bête, son image de la bête, sa marque de la bête, son nom et son nombre de la bête, ses dix cornes, sa bête à deux cornes semblables à celles d'un agneau, sa Babylone la grande, etc.

Le danger de tout cela c'est quoi ? Plusieurs vont se battre contre le vent, c'est à-dire contre la fausse bête, contre la fausse Babylone la grande, contre la fausse image de la bête, contre la fausse marque de la bête, contre la fausse bête à deux cornes semblables à celles d'un agneau, contre les dix fausses cornes, tout en prétendant ou espérant épauler Jésus-Christ dans son combat. Ainsi il y en a qui se feront tuer pour rien tout en espérant mourir en martyrs. Et Jésus leur dira à la fin :

« Retirez-vous de moi, vous qui adoriez la bête et son image et qui aviez reçu sa marque ; car je ne vous ai jamais vu à mes côtés quand je luttais contre la bête et son image, et les dix cornes, et la bête qui a deux cornes semblables à celles d'un agneau. Allez dans le feu éternel qui a été préparé pour le diable et pour ses adeptes. »

Pour préserver les chrétiens de la mort éternelle, il faut commencer par mettre fin à cette cacophonie avant de faire la guerre au véritable ennemi de Dieu. Car il y a à craindre que les chrétiens se tirent dessus tout en se vantant d'épauler l'agneau dans ses prises avec la bête et consorts.

Or le 10 juin 1982, Dieu m'a instruit de vaincre les divisions qui dressent les chrétiens les uns contre les autres, qui opposent les chrétiens les uns aux autres, qui déchirent l'Eglise de Dieu, qui ternissent l'image de marque du christianisme, et qui ne font que profiter à leurs ennemis communs. Et Dieu me parla ainsi : «

Vous êtes le correspondant le plus éloigné de l'église de Philadelphie. Dieu vous envoie deux types de prophéties : une grande prophétie et une petite prophétie. Vous devez vaincre les divisions dans l'Eglise du Seigneur et œuvrer pour son unité. Ne soyez pas orgueilleux, soyez sobre et intègre ».

Moins d'un an plus tard, le 03 mai 1983 précisément, Dieu m'a accordé une nouvelle vision disant que l'heure est venue de détruire la bête et Babylone la grande. Et aux termes de cette vision Dieu m'a établi prédicateur de l'Evangile éternel mentionné en Apocalypse 14 :6-7. Dieu m'a chargé de publier la loi mettant un terme aux temps des nations, et proclamant Jésus-Christ Roi des rois et Seigneur des seigneurs, avec mission de renverser tous les royaumes de Satan établis sur la terre, afin d'y établir le Royaume de Dieu.

En vertu de ces deux visions, j'estime que j'ai le devoir et le droit de connaitre les différends, les désaccords des chrétiens, leurs divisions, leurs mésententes, sur quoi ils s'opposent, et chercher ensemble les voies et moyens de les transcender, afin de parvenir à l'unité de la foi et de la connaissance, et de combattre notre ennemi commun. Car l'état final de l'Eglise doit être identique à son état initial. Au commencement la multitude de ceux qui avaient cru n'était qu'un cœur et qu'une âme. Nul ne disait que ses biens lui appartinssent en propre, mais tout était commun entre eux (Actes 4 :32 ; 1 Co 12 :12-28, Jean17 :10, 20-21, 22-23). Il faut qu'il en soit ainsi à la fin. Un tel mandat est prévu en Mt 24 :45-47.

De 1982 à ce jour, la situation de l'église n'a guère changé. Aujourd'hui les chrétiens sont plus divisés qu'hier, au point qu'ils mangent et boivent avec les païens mais qu'ils se mettent à battre d'autres chrétiens, les haïssent à mort, les méprisent, refusent de prier avec eux et n'osent même pas mettre leurs pieds dans leurs salles de prières, même si ces salles sont situées à proximité de la leur.

C'est donc sur l'ordre de Dieu que j'ai initié le dialogue interchrétiens à ne pas confondre avec le dialogue interreligieux. Car pour Dieu, il ne s'agit pas d'unir les religions du monde, il y a une seule vraie religion de Dieu qui est divisée, c'est le christianisme.

Les autres religions appartiennent à Satan (Apo 2 :9 ; Apo 3 :9 ; 1Jn 3 : 8). Qu'elles soient unies ou divisées cela nous importe peu.

Comment allons-nous procéder ?

Les chrétiens doivent s'unir, oublier leurs anciennes querelles et se mettre en ordre de bataille, former un front commun pour affronter leur ennemi commun. Il faut donc que les chrétiens se rapprochent, se rencontrent, se parlent, taisent leurs divergences. Il faut que les chrétiens parviennent à l'unité de la foi et de la connaissance pour faire face à leur ennemi commun et pluriel. On peut suggérer cinq étapes ci-après pour parvenir à cette unité.

PREMIERE ETAPE: COLLECTE DES DONNEES

Avant toute chose, il faut recueillir les informations sur l'ennemi commun et pluriel, appelé la bête et consorts. Il sera question ici d'enregistrer fidèlement ce que chaque dénomination chrétienne sait de la bête, de l'image de la bête, de la marque de la bête, du nom et du nombre de la bête, des dix cornes, de la bête à deux cornes semblables à celles d'un agneau, des temps et de la loi que la bête espérera changer, des 2300 soirs et matins, des 1290 jours, des 1335 jours, de la femme enceinte enveloppée du soleil, du petit livre et de Babylone la grande, sans négliger les autres choses.

Il y a lieu de remarquer que le mouvement œcuménique n'a jamais abordé de telles questions. Aussi les différentes parties au dialogue interreligieux ne sont point parvenues à l'unité. Elles se contentent de manger, de boire et de prier ensemble chacun dorlotant ses mensonges, ses monstruosités, ses blasphèmes, ses hérésies et ses abominations.

DEUXIEME ETAPE: DEBAT SUR LES DONNEES

Cette étape consiste à organiser un dialogue franc, sincère et courageux entre chrétiens de différentes dénominations en vue de redresser les erreurs doctrinales concernant essentiellement le mystère de la bête et consorts, et cimenter les élus, les fidèles et les appelés de Dieu par une foi vivante et une connaissance parfaite de la vérité. Chaque chrétien aura le loisir d'exposer son interprétation en précisant sa source et ses preuves. Par source nous entendons la Bible, un saint prophète, l'Esprit saint, ou le prophète de la fin (1 Co 13 :9), car Apo 10 :5-7 dit que le mystère de Dieu s'accomplira conformément aux déclarations des prophètes de Dieu. Ensuite on examinera toutes choses à la loupe, avec rigueur, patience et charité.

TROSIEME ETAPE : DECLARATION COMMUNE

Cette déclaration porte sur l'identité de la bête et alliés dégagée du dialogue entre chrétiens et qui sera publiée dans le monde entier comme l'unique vérité.

Quiconque essaiera de jeter par terre cette vérité sera considéré comme ennemi de Dieu et de son peuple, et sera traité comme tel.

QUATRIEME ETAPE: VULGARISATION DE LA LOI DE DIEU

Après avoir identifié la bête et avant de la combattre, les chrétiens parvenus à l'unité de la foi et de la connaissance doivent vulgariser la loi de Dieu portant révocation des temps du règne de la bête, et proclamant Jésus-Christ Seigneur des seigneurs et Roi des rois. Cette loi est immuable et sa teneur irrévocable. Tous les habitants de la terre doivent se rallier à cette loi. Quiconque violera cette loi sera jeté dans l'étang de feu et de soufre qui est la seconde mort. Or la bête espérera changer ces temps et cette loi. Elle va donc se substituer au Très Haut, qui seul change les temps et les circonstances (Dan 2 :21).

Pour cela elle sera combattue par les saints du Très-Haut.

CINQUIEME ETAPE: COMBAT CONTRE LA BETE

Il s'agit ici d'organiser la résistance des saints en vue de défendre la théocratie chrétienne et de fonder un nouveau régime politique, économique et social gouverné par les lois et les autorités venant de Dieu exclusivement.

L'heure a sonné **de bâtir l'unité du corps de Christ** en vue de la tâche commune dévoilée dans le présent tract. Chaque élu, chaque fidèle et chaque appelé est invité à apporter sa pierre à l'édification du corps de Christ.

Deuxième édition revue et actualisée, à Lubumbashi le 21/01/2019.
Première édition : le 03/06/2011

Appendice 3

L'EGLISE DE L'ÉVANGILE ÉTERNEL
LA SEULE VRAIE EGLISE DE DIEU

L'Eglise de l'Evangile éternel n'est pas une église dénominationnelle au même titre que les mille et une autres. Elle est une œuvre à la fois missionnaire et pastorale destinée à rassembler les chrétiens du milieu des dénominations et à réintégrer dans l'alliance chrétienne les Juifs tombés dans l'endurcissement afin de former une corporation, une et multiple, qui soit entièrement une propriété divine, c'est-à-dire le Royaume de Dieu, qui ne comprenne désormais plus rien qui lui soit étranger, homme ou chose qui le tache, le ternit ou l'avilit.

La mission annonce l'investiture de Jésus-Christ intervenue en mai 1983 avec comme corollaire la fin de la grâce pour les païens et la chute spirituelle de toutes les dénominations « chrétiennes ».

Elle affirme que depuis mai 1983, l'humanité pécheresse retrouve sa situation antérieure à l'ère messianique, où elle était divisée spirituellement en deux ensembles : le peuple élu et les païens.

L'Eglise de l'Evangile éternel n'est pas une église comme les autres, pour plusieurs raisons. Premièrement, toutes les églises existantes sont nées de l'ère de la **grâce** pour accomplir le premier volet de la mission du Christ décrite en Esaïe 61 :1-2. Il n'en est pas ainsi de l'Eglise de l'Evangile éternel. Celle-ci est née du **jugement** de Dieu **prédit** en Daniel 7 :9 – 12, Esaïe 13 :6-9, Actes 17 :30-31, Malachie 4 :1-3, et en Apocalypse 14 :6-7 notamment, **intervenu** le 03 mai 1983 pour accomplir le second volet de la mission précitée. Raison pour laquelle elle proclame **non pas la venue de la grâce** de Dieu, mais **la venue du jugement** de Dieu pour détruire l'église catholique romaine et toutes les sectes chrétiennes ainsi que les royaumes de Satan qui font l'impudicité avec elles. Car les premières représentent Babylone la grande et ses filles prostituées, les seconds la Bête et son image[32]. **Telle est une différence de taille.**

Ensuite, toutes les églises existantes sans exception font **l'apologie du péché**, disant qu'il n'y a point de juste sur la terre. Elles ignorent que la propriété

---
[32] Apocalypse 14:6-11.

principale de la vraie religion c'est la sainteté. L'Eglise de l'Evangile éternel, quant à elle, atteste et prêche que les portes du séjour des morts, que sont les péchés, ne prévaudront point contre l'Eglise de Jésus. C'est à cela que se reconnaît la vraie église, que ce soit celle de la grâce ou celle du jugement. En d'autres mots, **une personne née de nouveau ne peut plus pécher**[33]. Et si elle pèche, elle ne peut plus être renouvelée et amenée à la repentance[34]. Celui qui ne sait pas que Jésus a produit des justes n'a qu'à lire les passages suivants pour son édification[35].

En plus, l'Eglise de l'Evangile éternel et les milliers d'autres de la chrétienté n'ont pas la même **finalité.** La finalité de l'Eglise de l'Evangile éternel c'est le **royaume de Dieu**[36]. En revanche, la finalité des autres églises **c'est gagner le monde**, tant pis que leurs âmes soient perdues[37]. Aussi leurs sermons sont-ils centrés sur la **prospérité matérielle et les miracles.**

Enfin, toutes les églises chrétiennes nées de la grâce prêchent des messages périmés, passagers, partiels et flous comme l'a dit l'Apôtre Paul[38]. Il n'en est pas ainsi de **l'Eglise de l'Evangile éternel.** Elle prêche un message actuel, parfait et éternel, en l'occurrence **l'Evangile éternel**, qui est le dernier message de l'Eternel Dieu à l'humanité, un message phare, définitif, et parfait, qui unira les croyants, les purifiera et les mettra en possession du royaume de Dieu[39].

L'Eglise de l'Evangile éternel n'est donc pas une église de trop qui serait venue se juxtaposer aux innombrables autres qui trafiquent de fidèles, faisant ainsi de la religion chrétienne un business. **Elle est la seule vraie Eglise** qui devait paraître à la fin du monde **pour proclamer l'intronisation du Fils de Dieu, Jésus-Christ**, et rassembler tous les fils de Dieu divisés par des sectes, en vue du rétablissement du règne de Dieu sur la terre.

La vraie église est celle qui n'est pas née de la volonté d'un homme, ni d'une dissidence, mais de la volonté de Dieu. En plus elle doit être fondée sur une sainte personne incapable de pécher, et pouvoir résister aux **portes du séjour des morts que sont les péchés**[40]. **L'Eglise de l'Evangile Eternel** satisfait toutes ces conditions. En effet, personne au monde ne peut dire que son fondateur est un

---

[33] Matthieu 16 :18 ; 1 Jean 3 :8-9.
[34] Hébreux 6 :4-6 ; 10 :26.
[35] Matthieu 13 :43 ; 25 :37 ; Hébreux 12 :23 ; Apocalypse 7 :9-15 ; 14 :1-5 ; 19 :7-8.
[36] Matthieu 5 : 3 ; Matthieu 6 : 33 ; Actes 26 :15-18.
[37] Marc 8 :36-37.
[38] 1 Corinthiens 13 :8-12.
[39] Apocalypse 14 :6-7.
[40] Mt 16 : 18

dissident d'une église quelconque. Ensuite, son fondateur n'a pas décidé de son propre chef de bâtir une église comme font plusieurs personnes qui, par manque de gagne-pain, se lancent dans la profession pastorale pour vivre indument des dîmes, offrandes et autres redevances dues aux sacrificateurs du vrai Dieu.

SA PREHISTOIRE

Voici brièvement la préhistoire de l'Eglise de l'Evangile éternel.

1. Le choix de son fondateur

Début 1981, le Fils de l'homme, Jésus-Christ, apparaît à **Sheta-Sheta,** venant du ciel comme un éclair. Ce dernier tombe à ses pieds comme mort. Jésus le saisit à l'épaule droite, l'aide à se tenir debout et lui fait une offre d'emploi, en disant : « Prends ce chemin, lui dit-il, en le lui indiquant de la main, va, et tu feras mon travail. » Des livres lui sont donnés et aussitôt il s'engage dans la voie ainsi indiquée.

2. Le baptême de feu et d'Esprit

Le 11 février 1981, Dieu le baptise du Saint-Esprit. « Reçois le Saint-Esprit, lui dit le Seigneur. » Aussitôt le ciel s'ouvre et il voit l'Esprit descendre sous la forme d'une colombe et s'arrêter sur lui. La scène se répète trois fois la même nuit.

Le 14 du même mois, soit trois jours après, il est baptisé de feu et d'Esprit en présence de nombreux témoins dont Mugambwa Ngoi, Fondateur de l'église ECASET. Un **feu qui ne consume** pas le couvre des pieds à la tête et **une colonne de lumière** venant du ciel clignote trois fois devant sa face. Et il parle en langue.

3. Prêtre-roi et Grand Prophète

Le 10 juin 1982, Dieu lui fait une promesse exceptionnelle, qui l'établit à la tête de son peuple : « Vous êtes le correspondant le plus éloigné de l'Eglise de Philadelphie, lui dit le Seigneur. Dieu vous envoie deux types de prophéties, une **grande** prophétie et une petite prophétie. Vous devez vaincre les divisions dans l'Eglise du Seigneur et œuvrer pour son unité. Ne soyez pas orgueilleux, soyez sobre et intègre. » Il ressort de ce message que Dieu attribue à Sheta – Sheta les trois qualités cardinales de l'Eglise de Philadelphie à savoir la **prêtrise, la**

royauté et la divinité, d'après la signification des trois noms écrits sur chacun des membres de cette église[41]. Outre ces qualités communes à tous les membres du corps de l'Epouse du Christ, Dieu fait de Sheta – Sheta un **grand prophète, et le dernier**. Après lui il n'y aura plus d'autre prophète, car Sheta-Sheta est **le plus éloigné dans le temps** des membres du corps de l'Epouse de l'Agneau[42]. D'autre part, ce message fait de **Sheta-Sheta le rassembleur, l'unificateur, le pacificateur** des disciples de Jésus, c'est-à-dire des chrétiens. A tous ces titres, il est qualifié pour fonder une église, en l'occurrence l'Eglise de Dieu de la fin du monde. Car celui qui œuvre pour l'unité de l'Eglise n'est autre que le Berger de cette Eglise. Et ici c'est de **l'Eglise universelle** que Sheta – Sheta est établi Berger.

4. Bâtisseur du Temple de Dieu

Le 24 juin 1982, Dieu le charge de construire son nouveau temple : « Des ruines du temple de Jérusalem détruit par Titus, lui dit l'Eternel, je viens d'élever, sur la même fondation, ce nouveau temple(…) Je n'ai pas autorisé que l'on prie dans ce nouveau temple, jusqu'à ce qu'il y ait des **apôtres pour enseigner la loi**(…) Il faut pour entrer dans le nouveau temple qu'une transformation profonde s'opère dans les cœurs des croyants, une telle transformation que toute la loi soit observée rigoureusement. Il ne sera pas toléré même une minime déviation de la loi comme ce fut le cas pour ceux qui priaient dans l'ancien temple(…) En attendant, c'est là, dans ce vieux temple, qu'ils continuent à prier, jusqu'à ce qu'une transformation s'opère dans leurs cœurs (…) **Cherche des matériaux pour construire mon temple.** » Aux termes de cette vision, Sheta-Sheta est chargé de bâtir l'Eglise universelle de Dieu. Car le temple de Dieu c'est l'Eglise de Dieu[43].

5. Prédicateur d'un Evangile éternel

Dans une vision épouvantable du 03 mai 1983, l'Eternel Dieu lui annonce **la fin de la grâce, l'intronisation de son Fils, Jésus Christ, la venue du jugement**, la destruction par le feu des royaumes de Satan ainsi que de l'Eglise catholique romaine sans oublier les autres églises de la chrétienté, et **l'établit Prédicateur de l'Evangile éternel.**

« Les temps de la grâce de Dieu sont maintenant terminés, lui dit l'Eternel. Voici, l'heure du jugement de Dieu est venue. Quant à toi, va proclamer désormais

---

[41] Apocalypse 3 :12.
[42] Apocalypse 3 :12.
[43] Ephésiens 2 :19-22.

l'Evangile éternel en lieu et place de l'évangile de la grâce, **à toute nation, à toute tribu, à toute langue, et à tout peuple.** C'est à cela que tu étais préparé. (…) La vision que tu as reçue sur l'embrasement de la Bête et de Babylone la grande est significative de l'intronisation de Jésus Christ, qui les jettera dans le feu afin qu'elles soient brûlées éternellement. **L'Evangile éternel** dont tu es établi Prédicateur concerne **l'avènement de Jésus à la royauté universelle et éternelle.»**

6. *Détenteur du livre scellé de sept sceaux.*

Dans une autre vision, de 1981, le Seigneur Jésus lui est apparu et lui a donné un **petit livre blanc**, en disant : «**Avale-le** ». En l'avalant, il eut l'impression que ce petit livre allait devenir une **source de connaissance** et qu'il allait lui donner la **clairvoyance.** Ce **petit livre** c'est le livre **scellé de sept sceaux** que le Seigneur Jésus a reçu à l'occasion de son couronnement, comme **symbole du pouvoir**, et qu'il devait donner à son tour au plus digne de ses serviteurs pour l'enseigner aux habitants de la terre, à beaucoup de peuples, de nations, de langues, et de rois[44]. Il est à noter que la réception du livre scellé de sept sceaux par un serviteur de Dieu, élève ce serviteur au-dessus de toutes les créatures à l'exception du Christ, tout comme sa réception par Jésus l'a élevé au-dessus de toutes les créatures tant celles qui sont dans les cieux, sur la terre, sur la mer, que sous la terre[45]. C'est donc lui, Sheta – Sheta, que son maître, Jésus Christ, a établi sur ses gens pour leur donner la nourriture au temps convenable[46]. C'est pour qu'il ne soit pas enflé d'orgueil, à cause de l'excellence de sa vocation, que Dieu lui a prescrit de ne pas être orgueilleux, mais d'être sobre et intègre.

7. *Pourquoi Sheta – Sheta ?*

Parce que le dernier message de Dieu à l'humanité et son Messager devaient sortir d'un peuple de l'Afrique centrale dont le pays est coupé par des fleuves, un peuple fort, vigoureux, redoutable, et puissant depuis qu'il existe, et qui écrase tout, selon une prophétie d'Esaïe[47]. Ce peuple c'est le peuple SONGE de la RD Congo, dont Sheta – Sheta est ressortissant. Que donc le choix de l'Eternel porte sur lui, il n'y a rien à redire.

---

[44] Apocalypse10 :5-11.
[45] Apocalypse 5 :8-13.
[46] Matthieu 24 :45-46.
[47] Esaïe18 :1-7.

Tout ce qui précède achève de prouver que Sheta -Sheta a été choisi par Dieu pour créer l'Eglise de la fin des temps et pour diffuser son dernier message à l'humanité, qui est le message du livre scellé de sept sceaux, autrement appelé petit livre ou l'Evangile éternel.

L'Eglise de l'Evangile éternel est donc la seule vraie église de Dieu qui devait paraître à la fin du monde où nous sommes parvenus.

Tous les croyants qui attendaient le jour de vengeance de Dieu, leur Eglise c'est l'Eglise de l'Evangile éternel[48]. Tous les croyants qui attendaient le dévoilement complet et définitif des paroles de Dieu qui avaient été scellées et tenues secrètes pour le temps de la fin, leur Eglise s'appelle l'Eglise de l'Evangile éternel[49].Tous les croyants qui attendaient l'intronisation de Jésus Christ, leur Eglise s'appelle l'Eglise de l'Evangile éternel[50]. Tous les croyants qui attendaient la destruction de Babylone la grande et ses filles prostituées, leur église s'appelle l'Eglise de l'Evangile éternel[51]. Tous les croyants qui ne veulent pas adorer la Bête et son image, ni en recevoir la marque, leur église s'appelle l'Eglise de l'Evangile éternel[52]. Tous les croyants qui attendaient la moisson du monde, leur église s'appelle l'Eglise de l'Evangile éternel. Tous les croyants qui appelaient de tous leurs vœux la vengeance de Dieu, leur Eglise c'est l'Eglise de l'Evangile éternel[53].

Quelle est alors la raison d'être de l'Eglise de l'Evangile éternel? Quels sont ses objectifs ? Quelle est son activité principale ? Nous verrons cela ci-dessous.

I. Finalité

L'Eglise de l'Evangile éternel a pour finalité le rétablissement du royaume de Dieu sur la terre selon le modèle qu'il a révélé à ses serviteurs les prophètes. Selon ce modèle politique, tous les Etats multinationaux seront balkanisés afin d'établir dans chaque tribu du monde un Etat-nation libre et indépendant, totalement relevé de toute allégeance à l'égard d'une puissance quelconque de ce monde, mais placé sous la domination de la couronne chrétienne[54].

---

[48] Esaïe 13 : 6-13 ; Esaïe 61 :2 ; Esaïe 63 :4 ; Malachie 4 :1-3.
[49] Daniel 12 :4, 7-13 ; 1 Corinthiens 13 :9-10.
[50] Daniel7 :13-14 ; 9 :24 ; Ezéchiel 21 :25-27 ; Luc 1:30-33 ; 19 : 11-12 ; Matthieu 19 :28 ;
[51] Apocalypse 14 :8 ; 17 :5 ; 18 :1-18
[52] Apocalypse 14 :9-12 ; 17 :12-14.
[53] Apocalypse 14 :6-20.
[54] Deutéronome 32 :7-9 ; Esaïe 2 :1-4 ; Luc 16 :16 ; Apocalypse 10 :5-7 ; 11 :15-17.

II. Objectifs généraux

L'Eglise de l'Evangile éternel poursuit deux objectifs généraux, à savoir :

1. Détruire toutes les églises de la chrétienté et autres religions païennes du monde, en l'occurrence l'islam, le message du graal, le bouddhisme, l'hindouisme, la foi bahaïe, et bien d'autres[55].
2. Renverser tous les royaumes de Satan établis sur la terre[56].

III. Objectif stratégique

Pour atteindre les objectifs lui assignés, et partant la finalité susmentionnée, l'Eglise de l'Evangile éternel a pour objectif stratégique de prophétiser le livre scellé de sept sceaux, appelé « petit livre » ou encore l'Evangile éternel, sur beaucoup de peuples, de tribus, de nations, de langues et de Rois, afin qu'ils sachent que l'heure du jugement de Dieu est venue pour renverser tous les états du monde et les religions qui les soutiennent, et établir sur leurs cendres un nouvel ordre politique mondial conforme au 5è système politique de droit divin annoncé dans les prophéties de Daniel 2 et 7 et dans celle d'Esaïe 2 :1-4[57].

IV. Objectifs intermédiaires

1. Restaurer le royaume de Dieu en République Démocratique du Congo, pays choisi par Dieu pour être la locomotive, la tête du rétablissement du règne de Dieu sur la terre, c'est-à-dire pays par lequel commencera la restauration de l'ordre politique de conception divine[58].
2. Exporter le modèle congolais dans tous les pays du monde.

V. Le but principal

---

[55] Apocalypse 14 :8 ; Apocalypse 16 : 19 ; Apocalypse 17 :1-6, 17-17. Apocalypse 18 :1-8 ; Apocalypse 19 :1-3.

[56] Esaïe 2 :1-4 ; Daniel 2 :44-45 ; Daniel 7 :9-14,19-27 ; Apocalypse 12 :1-6; Apocalypse 14 :9-12 ; Apocalypse 17 :7-14 ; Apocalypse 19 :11-21.

[57] Apo 10:8-11; Apo 14:6-7; Esaïe 18:1-7.

[58] Esaïe 18 :3.

Notre but principal est la distribution ou la diffusion internationale du livre scellé de sept sceaux, appelé « Petit livre » ou l'Evangile éternel.

VI. Activités principales
Ses activités principales consistent en :

1. L'envoi des livres contenant le message de l'Evangile éternel à tous les peuples du monde, en espérant faire connaître ce dernier message de Dieu à l'humanité, message parfait et définitif, qui unira l'humanité, la purifiera et la mettra en possession du royaume de Dieu. Il s'agit notamment des livres ci-après :

- Jésus – Christ, le Roi du monde annoncé dans les prophéties de Daniel chapitres 2 et 7.
- La balkanisation du monde, une solution divine à la pauvreté, au chômage, aux inégalités sociales et à l'instabilité politique.
- Donnez le tourment et le deuil à l'église catholique romaine alias Babylone la grande ô mon peuple !
- Muhammad, le coran et l'Islam ne viennent point de Dieu
- Le prophète Muhammad, un ennemi démasqué de Jésus - Christ.
- Rivalités entre Muhammad et Jésus-Christ - La grenouille qui se veut faire aussi grosse que le bœuf.
- Gardez-vous du message du graal.
- Dans moins de 20 ans la papauté, l'église catholique romaine et les Etats-Unis seront détruits.
- Les gros mensonges des Témoins de Jéhovah.
- Jésus – Christ n'est pas le Dieu Très Haut.
- La Nouvelle naissance, semence, géniteurs, signes et obstacles.
- Réintégration d'Israël dans la nouvelle alliance.

2. La mise en place des structures théocratiques transitoires dans toutes les tribus de la RD Congo et du monde.

VII. Résultats attendus

- La balkanisation de la RD Congo et par ricochet celle de tous les Etats multinationaux du monde.

- Erection de chaque tribu de la Rd Congo et du monde en un Etat libre et indépendant, sous la forme d'un royaume et d'une Province royale du royaume de Dieu, totalement relevé de toute allégeance à l'égard d'un Etat quelconque de ce monde, doté du droit absolu de régler ses propres affaires sans en devoir aucun compte à quelque autre peuple que ce soit.

- Reconnaissance du christianisme comme l'unique religion du monde entier, statut qu'il avait acquis sous le règne de Théodose, un Empereur romain[59].

- Gouvernement de toutes les nations du monde par les Autorités et les lois venant exclusivement de Dieu[60].

- Disparition de toutes les armées du monde, des écoles de guerre et de tous les conflits armés.

- Eradication de la pauvreté, du chômage, des inégalités sociales, et de l'instabilité politique dans le monde.

- Recouvrement par les peuples de leur droit à la propriété privée des terres.

VIII. Collaboration

Tous les chrétiens sont informés que le Seigneur Jésus est intronisé depuis le 03 mai 1983. A dater de cette intronisation les chrétiens n'ont qu'une tâche commune à accomplir, à savoir diffuser et distribuer le message du livre scellé de sept sceaux, ou Evangile éternel, en vue du rétablissement du royaume de Dieu. **Quiconque poursuivra une autre activité soi-disant de la part et pour le compte de Dieu et du Christ perdra son salut.** Les objectifs autrefois assignés à la loi, aux prophètes et à la grâce sont atteints à la date de l'intronisation de Jésus Christ[61]. Tous les chrétiens doivent s'unir comme un seul homme autour de l'Evangile éternel afin de renverser les royaumes de Satan qui écument la terre, et établir un

---

[59] 380 AP. J.-C.
[60] Esaïe 2 :1-4 ; Apo 21 :24.
[61] Luc 16 :16 ; 1 Corinthiens 13 :9 ; Apocalypse 14 :6-7.

nouvel ordre politique mondial qui garantira la paix, le droit, la justice, et le plus grand bien-être social pour tous ses habitants[62].

L'Eglise de l'Evangile éternel est un organisme sans but lucratif. Ses activités se déroulent d'une manière altruiste, sans en retirer aucun bénéfice financier. Elles sont entièrement financées par des dîmes, des aumônes, des sacrifices quotidiens, des offrandes cultuelles de ses membres ainsi que par des legs de ses bienfaiteurs, en l'occurrence des églises chrétiennes de l'ère de la grâce, **qui doivent se dissoudre et transférer leurs patrimoines à l'Eglise de l'Evangile éternel.**

Tous les fonds collectés par les églises chrétiennes durant des siècles au nom de Jésus Christ doivent être employés pour financer les programmes de l'Evangile éternel. Nul ne doit dire que ses fonds lui appartiennent en propre. Quiconque gardera par devers lui les fonds récoltés au nom de Jésus au lieu de les investir dans son œuvre finale de diffusion de l'Evangile éternel, sera condamné pour cupidité et pour détournement des deniers du royaume de Dieu à des fins personnelles.

Collaborez avec nous. Le livre scellé décrit des fléaux terribles qui frapperont le monde et feront disparaître notre civilisation. Certaines religions et cultures, voire certaines écoles scientifiques, attribuent ces fléaux à des causes naturelles, comme la chute des astres et des météorites sur la terre. En vérité ces événements relèvent de la colère de Dieu qui les avait annoncés dès longtemps à l'avance par la bouche de ses serviteurs les prophètes[63]. Ces fléaux rendront la terre inhabitable, et la vie sera impossible sur la terre[64]. Pour être sauvé il faudra coûte que coûte quitter la terre pour aller sur une autre planète. Le livre scellé indique deux formules pour survivre à la destruction de la terre. La première consiste à quitter la planète avant l'arrivée desdits fléaux pour aller au ciel. Ce qu'on appelle l'enlèvement de l'Eglise[65]. La seconde qui lui est semblable consiste à émigrer vers un endroit sûr préparé par Dieu pour y abriter son peuple, **toujours** sur la terre. Ce que l'on appelle la fuite de l'Eglise vers le désert[66]. D'où la nécessité et l'urgence qu'il y a de diffuser ce message pour que les personnes intéressées se lancent à temps au

---

[62] 1 Corinthiens 15 :24 ; Apocalypse 17 :12-14.
[63] Esaïe 13 :6-9 ; Malachie 4 :1-3 ; Matthieu 24 :29 ; 2 Pierre 3 :10-12 ; Apocalypse 8 :1 ; Apocalypse 15 :1 ; Apocalypse 16 :1-20.
[64] Apocalypse16.
[65] Apocalypse 12 :5.
[66] Apo 12 :6.

travail pour atteindre la transformation de leurs cœurs pour pouvoir quitter la terre avant l'arrivée desdits fléaux.

Si vous pouvez nous aider à faire connaitre le livre scellé, l'Evangile éternel, **le** petit livre, à vos proches, amis et connaissances, le ciel vous comblera de ses grâces.

Car il est écrit :

Jean 4 :36 – 38 :

Celui qui moissonne reçoit un salaire, et amasse des fruits pour la vie éternelle, afin que celui qui sème et celui qui moissonne se réjouissent ensemble. Car en ceci ce qu'on dit est vrai : Autre est celui qui sème, et autre celui qui moissonne. Je vous ai envoyés moissonner ce que vous n'avez pas travaillé ; d'autres ont travaillé, et vous êtes entrés dans leur travail.

Nous vous encourageons vivement à saisir ce salaire en participant activement à la diffusion du message du livre scellé de sept sceaux et en maintenant une plus grande collaboration avec nous. Car il est écrit d'autre part:

Jean 6 : 27 :

Travaillez, non pour la nourriture qui périt, mais pour celle qui subsiste pour la vie éternelle, et que le Fils de l'homme vous donnera ; car c'est lui que le Père, que Dieu a marqué de son sceau.

Vous avez assez travaillé pour nourrir votre famille, et pour édifier la présente civilisation. Travaillez maintenant pour gagner la vie éternelle sur une terre transformée en paradis.

CONCERNANT L'AUTEUR

Kamango Selemani Sheta – Sheta appartient à l'ethnie SONGE dont l'érudit sénégalais, Cheikh Anta Diop, égyptologue de renommée planétaire, a dit qu'elle parle la même langue que les Egyptiens qui avaient bâti les pyramides, qui sont une des merveilles du monde.

Cela fait comprendre que les BASONGE sont venus de l'Egypte. A ce titre, ils ont participé à l'invention de l'écriture et ont donc contribué à faire sortir l'humanité de la préhistoire pour l'introduire dans l'histoire, la faisant passer de la tradition orale à la tradition écrite.

Il va sans dire que les BASONGE ont contribué à élever la vie humaine au-dessus des conditions animales en la rendant différente de la vie des bêtes.

C'est donc de ce peuple fort et puissant, intelligent et ingénieux, qu'est né l'auteur du présent livre, un certain 29 novembre 1953 à Kongolo, étant fils de Kamango Kilumbu Gustave et de Mangaza Nkongolo Clémentine, dits de nationalité congolaise selon la volonté des Belges, province du Maniema, territoire de Kasongo, collectivité de BASONGE 1er, groupement de Loengo, cité de Samba.

Chez les Basonge mêmes, Kamango Selemani Sheta-Sheta est un homme de haute naissance. Son père est un Prince des Benya MUDIMA, sa mère une Princesse des Benya KALEEMBA. Son grand-père paternel, le Grand Chef
Mwana Kahambwe Ngalu et son grand-père maternel, le Grand chef Mwana Ntambwe Lumpangu, avaient bâti une coalition des chefs Songe et organisé une résistance farouche à la colonisation belge, afin de préserver leurs trônes, leurs trésors, leurs richesses, leurs valeurs ainsi que le droit de leurs peuples à la dignité humaine, à la liberté, à la propriété privée des terres, et à l'autodétermination. L'homme blanc n'a pu mettre ses pieds à Nalwe, la capitale, jusqu'à ce qu'il s'agenouillât et s'engageât à les traiter avec dignité.

Il n'est donc pas étonnant que le Dieu Très-Haut recoure à une postérité Songe pour contribuer cette fois-ci à la délivrance de l'humanité de la corruption, de la cruelle oppression politique et de l'impitoyable exploitation économique d'origine romaine imposées par l'église catholique romaine, ses rois et ses marchands véreux. Longtemps avant, le Prophète Esaïe avait annoncé qu'il y aurait en Afrique centrale une nation forte et puissante dont l'Eternel allait se servir comme instrument de sa colère pour juger le monde. (Esaïe18 :1-7). Les faits montrent qu'il s'agit des chrétiens d'origine Songe. En effet, de tous les peuples de la région susvisée seul le peuple Songe menace, par son fils, l'auteur de ce livre, l'Etat de Vatican, l'église catholique romaine, les Etats européens, les Etats-Unis d'Amérique et l'islam, qui sont les adversaires les plus puissants mais aussi les plus maquillés de Dieu et de son Christ.

Prédestiné à conduire le combat des saints de Dieu contre les forces du mal en vue de l'établissement du royaume de Dieu sur la terre, il sera tiré de la boue des péchés, lavé, sanctifié et justifié au nom de Jésus-Christ fin 1980. C'est ainsi que le 11 février 1981, il sera oint de force et d'esprit, le Saint-Esprit étant descendu sur lui sous une forme corporelle, comme une colombe, à trois reprises la même nuit, et une voix faisant entendre du ciel, à chaque descente de la colombe, ces paroles : « Reçois le Saint-Esprit ». Trois jours après, soit le 14 du même mois, il sera baptisé de force et d'esprit publiquement, un feu précédé d'un coup de vent l'ayant couvert de la plante des pieds à la tête, avant qu'une colonne de lumière venant du ciel, étincelant comme l'éclair, vînt couronner la cérémonie d'investiture en clignotant trois fois devant sa face.

Le 03 mai 1983 Dieu l'établit en qualité de Messager de l'Evangile éternel promis dans Apocalypse 14 :6-7, chargé d'annoncer à tous les peuples , à toutes les tribus, à toutes les nations, à toutes les langues , et à tous les chefs des nations de la terre , la bonne nouvelle de la venue du jugement et de l'intronisation du Fils de Dieu, Jésus-Christ.

Ont déjà paru à la même source :

- Donnez le tourment et le deuil à l'église catholique romaine – Babylone la grande est tombée

- Jésus-Christ, le Roi du monde – Accomplissement des prophéties de Daniel 2 et 7

- La Balkanisation du monde - Une solution divine à la pauvreté, au chômage, aux inégalités sociales et à l'instabilité politique dans le monde - Muhammad, le coran et l'islam ne viennent point de Dieu

- Le prophète Muhammad – Un ennemi démasqué de Jésus-Christ

- Rivalités entre Muhammad et Jésus-Christ

- La grenouille qui se veut faire aussi grosse que le boeuf

- Jésus-Christ n'est pas le Dieu Très-Haut

- Les Gros mensonges des Témoins de Jéhovah

- J'ai tué Abd-ru-Shin

- La Nouvelle naissance - Semence, géniteurs, signes et obstacles

- Sortez de l'Eglise catholique romaine, mon peuple - Echappez aux fléaux qui lui sont destinés

- Réintégration d'Israël dans la nouvelle alliance – Dieu n'a pas rejeté son peuple, qu'il a connu d'avance.

- Prières pour la fin du monde

- 36 Raisons de balkaniser la RD Congo

- Tous les pasteurs n'ont pas droit aux dîmes et aux offrandes

Edition revue et augmentée, à Lubumbashi, du 15 Novembre 2020 au 16/09/2021 et publiée le 22/10/2021.

La première édition de cet ouvrage a été réalisée le 09 juillet 1993.
Lubumbashi, République Démocratique du Congo.

Contacts :
+243 81 216 2503
+243 99 399 8947
E-mail :edmondkamango@gmail.com

www.ingramcontent.com/pod-product-compliance
Lightning Source LLC
Chambersburg PA
CBHW052101230426
43662CB00036B/1752